AVENTURES

DES MARINS FRANÇAIS

4e SÉRIE IN-12.

VOYAGES

ET

AVENTURES

DE

MARINS FRANÇAIS

PAR M. S. DE G***. *(Graves)*

LIMOGES

EUGÈNE ARDANT ET C^le, ÉDITEURS.

VOYAGES

DE LA PÉROUSE.

LE goût des découvertes, qui semblait depuis longtemps s'être éteint parmi nous, se réveille au récit des voyages de Bougainville; la célébrité que s'était récemment acquise le capitaine Cook ajouta à l'énergie de ce goût l'attrait de la rivalité; enfin, le désir de reculer les limites des sciences prêta à ces divers sentiments sa noble et sublime ambition, et dès la fin de la guerre de 1778, Louis XVI se proposa d'envoyer deux de ses vaisseaux exécuter un voyage autour du monde. Il réalisa ce projet en 1785. Deux frégates, la *Boussole* et l'*Astrolabe*, furent armées à Brest pour cette expédition; la première fut mise sous les ordres du comte de la Pérouse, la seconde sous ceux du vicomte de Langle; l'un et l'autre justement estimés pour leur courage et pour leurs talents. Rien ne fut

épargné afin d'assurer le succès de celte grande
entreprise : les personnes les plus renommées par
leurs connaissances dans l'astronomie, l'histoire
naturelle, le génie, la géographie, la physique,
la botanique, la minéralogie, s'empressèrent de
s'y associer, et d'habiles dessinateurs leur furent
adjoints pour les aider et pour peindre tout ce qu'il
est souvent impossible de décrire ; les officiers de
marine les plus distingués vinrent en foule offrir le
secours de leur instruction et de leur expérience ;
les compagnies savantes du royaume donnèrent,
dans cette occasion, des témoignages de leur zèle
et de leur amour pour les sciences et pour les arts :
d'après les ordres du roi, l'académie des sciences
et celle de médecine réunirent dans des mémoires
une série de questions qui embrassaient la presqu'universalité des connaissances humaines, et
d'après lesquelles les savants embarqués à bord
des deux frégates furent chargés de diriger leurs
observations ; enfin, une main royale ne dédai-
gna point de tracer à nos navigateurs un itiné-
raire et des instructions, précieux monument
d'une sollicitude non moins admirable qu'au-
guste, mais qui, sur ce point comme sur bien
d'autres, devait, hélas! être cruellement trom-
pée!

Cependant, après qu'on eut embarqué à bord
des deux frégates tous les objets nécessaires à une
navigation qui devait durer au moins quatre an-
nées, M. de la Pérouse, qui était chargé du commandement en chef de l'expédition, donna le signal
du départ, et les deux vaisseaux appareillèrent de
Brest, le 1ᵉʳ août 1785, et mouillèrent à Madère le
13 du même mois. Nos navigateurs y furent com-

blés d'honnêtetés par MM. Montero, chargé d'affaires de France, Murray, consul d'Angleterre, Johnston, négociant de la même nation, et par le gouverneur de cette île; et ils mirent à la voile le 16 pour Ténériffe, où ils arrivèrent le 19, après avoir eu connaissance et déterminé le gisement de l'île Salvage, qui est entièrement brûlée et qui paraît formée par des couches de lave et d'autres matières volcaniques. A Ténériffe, ils firent un grand nombre d'expériences sur les horloges marines et sur l'oscillation du pendule pour déterminer la force de gravitation des corps aux diverses latitudes. Pendant ce temps, le reste des savants qui faisaient partie de l'expédition ne demeurèrent point oisifs : M. de la Martinière herborisa; M. de Lamanon mesura la hauteur du pic avec son baromètre, et M. de Monneron en acheva presque le nivellement (1). La Pérouse n'eut, durant cette relâche, qu'à s'applaudir de la conduite que tint à son égard le marquis de Branciforte, gouverneur général de toutes les îles Canaries.

Les deux bâtiments se remirent en route le 30 août, la crainte des maladies qui, dans cette saison, règnent aux îles du Cap-Vert ne leur permit point d'y relâcher, les vents les obligèrent de couper la ligne au 18ᵉ degré de longitude occidentale, et la nécessité de doubler la pointe orientale du Brésil les empêcha de reconnaître Pennedo de S. Pedro. Le 16 octobre, ils eurent connaissance

(1) Dans l'élévation qu'ils donnent au pic de Ténériffe, les voyageurs varient depuis dix-neuf cent quatre jusqu'à deux mille quatre cent neuf toises.

et déterminèrent la position des îles Martin-Vas
Le 18, il arrivèrent en vue de l'île de la Trinité.
L'*Astrolabe* y envoya un canot dont l'équipage fut
traité avec beaucoup de politesse par le gouverneur portugais de cette île, mais il ne put obtenir
de lui la permission de faire de l'eau et du bois. La
Pérouse, afin d'éviter les retards que les formalités à remplir lui auraient causés à Rio-Janeiro,
alla prendre ses provisions à l'île Sainte-Catherine,
où il ne mouilla que le 6 novembre, parce qu'il
avait employé plusieurs jours à rechercher, quoiqu'inutilement, l'île de l'Ascençaon (ou de l'As-
cension), dont il voulait déterminer le gisement.

La fertilité de l'île Sainte-Catherine n'est égalée
que par la misère de ses habitants ; la multitude des
orangers et des citronniers dont elle est couverte en
rendrait le séjour fort agréable sans un nombre infini
de serpents dont la morsure est fort dangereuse.
L'arrivée des vaisseaux français y jeta d'abord l'é-
pouvante ; le canon d'alarme fut tiré et la garnison
forte de quarante hommes, mise sous les armes.
Toutefois la Pérouse, ayant fait annoncer ses in-
tentions pacifiques au gouverneur, obtint de cet
officier toutes les provisions dont il avait besoin.
Il alla faire ses remercîments au commandant du
fort et fut salué à son débarquement par onze
coups de canon, auxquels la *Boussole* répondit par
autant de coups. Il envoya plusieurs de ses officiers
à Nostra-Senora-del-Destero, capitale de l'île pour
en saluer le gouverneur, qui les reçut parfaitement.
Nos navigateurs n'eurent pas moins à se louer du
reste des habitants : une des embarcations françaises ayant été renversée par les vagues, ces bra-

ves gens s'empressèrent de sauver ceux qui la montaient, les forcèrent à se mettre dans leurs lits et couchèrent à terre sur des nattes au milieu de la chambre où ils exerçaient cette touchante hospitalité. Peu de jours après, ils rapportèrent fidèlement à bord de la *Boussole* tous les agrès de cette embarcation, quelque utilité qu'ils eussent trouvée à les conserver pour leurs pirogues.

Retardé par les vents contraires, la Pérouse ne put appareiller que le 19 novembre, et fit voile pour chercher l'île Grande-de-la-Roche; mais, le 27 décembre, il fut obligé de renoncer à la trouver après avoir parcouru 15 degrés de longitude, depuis le 34ᵉ méridien occidental, entre le 44 et le 45ᵉ parallèle sud.

Ayant repris sa route pour doubler le cap Horn, il vit la côte des Patagons, le 14 janvier 1786, Le 22, il releva la position du cap des Vierges. Le 25, il donna dans le détroit de le Maire. Le 9 février, il avait doublé le cap Horn, avait inutilement cherché la terre de Drake ; et, comme il était favorisé par les vents d'ouest-sud-ouest et que le biscuit ainsi que la farine commençaient à lui manquer, il se détermina à aller faire ses provisions au port de la Conception, sur la côte du Chili, afin de visiter sur le champ la côte du nord-ouest de l'Amérique. Il se décida d'autant plus facilement à apporter ce changement à l'ordre tracé dans ses instructions, qu'il lui était permis de le modifier, et qu'il se procurait ainsi l'avantage de faire une route sur laquelle il pourrait rencontrer des îles inconnues, et de parcourir, d'une manière plus expéditive, tous les lieux qui lui étaient indiqués, en employant deux ans dans l'hémisphère nord et deux ans dans l'hémisphère sud.

Arrivé en vue de la baie au fond de laquelle Frézier place la Conception, il chercha inutilement cette ville. Bientôt, il apprit des pilotes du pays qu'elle avait été ruinée par un tremblement de terre en 1751 et qu'on en rebâtissait une nouvelle à trois lieues de la côte, sur les bords de la rivière de Biobio. Le 24 février, il mouilla à l'anse de Talcaguana. Aussitôt, il reçut une lettre par laquelle M. Quexada, commandant par intérim, lui annonçait que les navigateurs français seraient accueillis comme des compatriotes. En même temps, nos deux vaisseaux virent arriver une si grande quantité de rafraîchissements que les équipages ne purent les consommer et ne surent où les mettre. M. Quexada vint en personne à bord de la Boussole, avant que M. de la Pérouse eût eu le temps de le prévenir. Cet officier français, accompagné de son état-major, lui rendit sa visite le lendemain; il fut reçu avec la plus grande distinction et il assista à un bal donné en son honneur.

M. Higuins, gouverneur de cette colonie, était alors occupé à faire la guerre aux Indiens de ces contrées. Ces peuples, par la multiplication des chevaux, des bœufs et des moutons, transportés en Amérique par les Espagnols, sont devenus de vrais Bédouins; toujours à cheval et à la tête de leurs troupeaux, ils mènent avec eux une vie errante; ils se nourrissent de leur chair, de leur lait et quelquefois de leur sang; ils se couvrent de leurs peaux dont ils font des casques, des cuirasses et des boucliers. De tels ennemis sont fort redoutables aux

Espagnols, qui ne peuvent ni les suivre dans des déserts de quatre cents lieues, ni les empêcher de lever des armées de trente mille hommes. M. Higuins, qui était parvenu à leur faire poser les armes, fut bientôt de retour à la Conception et combla d'amitiés tous nos navigateurs.

M. de la Pérouse fit dresser une vaste tente sous laquelle il donna à dîner à cent cinquante personnes, tant hommes que femmes ; ce repas fut suivi d'un bal, d'un feu d'artifice et enfin d'un ballon. Le lendemain, il se servit de la même tente pour donner un grand dîner à ses deux équipages. Depuis le commandant en chef jusqu'au dernier matelot, tout le monde était assis à la même table et placé chacun selon le rang qu'il occupait à bord.

M. Higuins donna à son tour une brillante fête aux officiers de nos deux frégates. Mais tous ces plaisirs ne faisaient point perdre de vue à .M. de la Pérouse les projets qu'il avait formés. Le 15 mars, il mit à la voile, non sans avoir fait diverses observations scientifiques ni sans avoir examiné les productious et le sol du Chili, qu'il proclame le plus fertile du monde, puisque le blé y produit soixante pour un et que le bétail s'y multiplie au-delà de toute expression.

Le 9 avril, M. de la Pérouse mouilla dans la baie de Cook, à l'île d'Easter ou de Pâque. Les Indiens vinrent à la nage au-devant de lui ; et, comme il fut obligé de rétrograder d'une lieue au large pour jeter l'ancre dans un meilleur fond, les naturels suivirent à la nage les deux vaisseaux, montèrent à bord sans armes et sans défiance, reçurent avec plaisir divers présents, et surtout des morceaux de toile peinte et des chapeaux. A huit heures du soir, la Pérouse les congédia et leur fit entendre par signes que, le lendemain, il descendrait à terre. Les sauvages s'embarquèrent dans le canot en dansant, attachèrent sur leur tête les cadeaux qu'on leur avait faits; et, parvenus à deux portées de fusil de leur île, ils se jetèrent à la mer et regagnèrent le rivage, quoique les vagues s'y brisassent avec force.

Le jour suivant, notre navigateur, accompagné de tous les passagers, d'une partie de ses officiers et de douze soldats armés, vint débarquer dans l'île, où il fut d'abord fort bien reçu par quatre ou cinq cents Indiens. Mais il ne tarda pas à s'apercevoir qu'il avait affaire aux plus effrontés coquins qu'il fût possible de rencontrer. Tandis qu'ils étaient comblés de présents par les Français et qu'ils ne semblaient occupés qu'à s'en montrer reconnaissants en leur rendant mille petits services, ils profitaient de la confiance qu'ils avaient su inspirer à leurs bienfaiteurs pour leur dérober leur mouchoir ou leur chapeau et s'enfuir précipitamment. C'est ce qui arriva à la Pérouse lui-même : un Indien, après l'avoir aidé à descendre d'une plate-forme, lui enleva son chapeau et disparut en un clin-d'œil. Notre navigateur examina et fit explorer avec soin les côtes et l'intérieur de l'île. On n'y trouva que fort peu d'arbres; c'étaient des mûriers, qui n'avaient que trois pieds de haut et dont l'écorce servait aux naturels à fabriquer des étoffes. Les ignames et les patates sont les seuls aliments de ces peuples et l'eau de la mer leur unique boisson. Ils paraissent habiter par compagnie de deux cents personnes, dans de vastes maisons qui ont trois cents dix pieds de longueur, sur dix de largeur, et dix de hauteur au milieu; leur forme est celle d'une pirogue renversée; on n'y pouvait entrer que par deux portes de deux pieds d'élévation et en se glissant sur les mains. Quelques-unes de ces demeures sont souterraines; mais les autres sont construites avec des joncs qui sont parfaitement arrangés et qui garantissent de la pluie. L'édifice est porté sur un socle de lave solide de dix-huit pouces d'épaisseur, dans lequel on a creusé, à distances égales, des trous où entrent des perches qui forment la charpente en se repliant en voûte; des paillassons de jonc garnissent l'espace qui est entre ces perches. Tous les monuments qui existaient dans l'île paraissaient être fort anciens; c'étaient des bustes de taille colossale, faits avec une production volcanique fort tendre, fort légère, et connue des naturalistes sous le nom de *lapillo*; le plus grand avait quatorze pieds six pouces de hauteur, sept pieds six pouces de largeur aux épaules, trois pieds d'épaisseur au ventre, six pieds de largeur et cinq d'épaisseur à la base. Ces bustes semblent avoir été élevés à la mémoire de quelques anciens chefs, et les lieux où ils se trouvent seront regardés comme des morais, si l'on en juge par le grand nombre d'ossements qui sont à l'entour.

Après avoir laissé dans cette île des chèvres, des brebis, des cochons et y avoir semé des graines de citronniers, d'orangers, de coton, de maïs, M. de la Pérouse mit à la voile, le 10 avril au soir, pour les îles Sandwich. Durant cette navigation, des observations de distances furent faites avec soin et l'on constata l'identité des îles Sandwich avec la MESA, les MAJOS, la DISGRACIADA, trois îles que les Espagnols p étendaient avoir découvertes et qu'ils plaçaient sur la même latitude, mais 16 ou 17 degrés plus à l'est que les îles Sandwich. Dans la matinée du 27 mai, la Pérouse releva la pointe de Mowée, l'une de ces îles. L'aspect offert par la côte qu'il avait sous les yeux était ravissant : il voyait l'eau se précipiter en cascades de la cime des montagnes et descendre à la mer après avoir arrosé les habitations des Indiens ; elles sont si multipliées, qu'on pourrait prendre un espace de trois ou quatre lieues pour un seul village : mais toutes les cases sont sur le bord de la mer, et les montagnes en sont si rapprochées, que le terrain habitable paraît avoir moins d'une demi-lieue de profondeur. Il faut être marin et réduit, comme nos navigateurs, dans ces climats brûlants, à une bouteille d'eau par jour, pour se faire une idée des sensations qu'ils éprouvaient. Les arbres qui couronnaient les montagnes, les bananiers qu'on apercevait autour des habitations, tout produisait sur les sens un charme inexprimable ; mais la mer brisait sur la côte avec la plus grande force, et, nouveaux Tantales, ils étaient réduits à désirer et à dévorer des yeux ce qu'il leur était impossible d'atteindre. La nécessité de poursuivre leur route ne leur permit point d'attendre cent cinquante pirogues qui se détachèrent de la côte pour leur apporter des vivres, consistant en fruits et en cochons. Il y en eut même quelques-unes de renversées par les frégates ; mais les Indiens ressaisissaient promptement leurs cochons ; ils soulevaient avec leurs épaules leurs pirogues, en vidaient l'eau, y remontaient gaîment, et voguaient de nouveau après les deux navires. Ceux-ci ne purent mouiller que dans une assez mauvaise rade sur la côte nord-ouest de l'île. Durant cette relâche, ils se procurèrent des rafraîchissements en faisant des échanges avec les naturels, qui se montrèrent toujours pleins de douceur et de docilité. Ces qualités réconcilièrent un peu M. de la Pérouse avec ce peuple, contre lequel il avait été prévenu par la mort funeste que le capitaine Cook avait trouvée parmi eux. Le 30, il descendit à terre avec un détachement bien armé, examina le sol et les productions de cette île, fut harangué par deux chefs indiens qui lui firent des présents et qui en reçurent de lui; pendant ce temps, on traça le plan de Mowée, on en détermina la position; enfin, le 1ᵉʳ juin, la Boussole et l'Astrolabe se mirent en route pour la côte nord-ouest de l'Amérique.

Pendant cette navigation, le capitaine de Langle, avec le secours d'un matelot, autrefois garçon meunier, fit adapter par le charpentier un mouvement de moulin à vent aux meules dont on avait fourni les deux vaisseaux. Par ce moyen, ces meules, qui, dans une journée entière, ne donnaient auparavant que vingt-cinq livres d'une mauvaise farine, produisaient, dans le même espace de temps, deux quintaux d'une farine excellente.

Le 23 juin, nos navigateurs aperçurent tout d'un coup une longue chaîne de montagnes couvertes de neiges, qu'ils auraient pu voir de trente lieues plus loin, si le temps eût été clair. Ils recon-

nurent le mont Saint-Elie de Behring, dont la
pointe paraissait au-dessus des nuages. Jusqu'au
2 juillet, ils reconnurent les côtes ; ce jour-là, ils
découvrirent un port naturel, semblable à celui de
Toulon, mais plus vaste dans son plan comme
dans ses moyens. Bientôt on distingua des sauvages
qui faisaient des signes d'amitié, en étendant et en
faisant voltiger des manteaux blancs et différentes
peaux. La tranquillité dont on jouissait dans cette
baie fit que M. de la Pérouse résolut d'y relâcher,
et l'appela *Port des Français*. Mais comme il y pé-
nétrait, le vent changea ; les navires coururent un
danger d'autant plus grand qu'ils se trouvèrent sur
un fond de roche, et qu'on craignait à chaque instant d'avoir le câble coupé et d'être entraîné à la
côte. Le vent qui se calma permit enfin de sortir
de cette fâcheuse position, et d'avancer dans l'intérieur de la baie où l'on mouilla près d'une île.
« Le fond de cette baie, dit M. de la Pérouse, est
« peut-être le lieu le plus extraordinaire de la
« terre. Qu'on se représente un bassin d'eau d'une
« profondeur qu'on ne peut mesurer au milieu,
« bordé par des montagnes à pic, d'une hauteur
« excessive, couvertes de neige, sans un brin d'her-
« be sur cet amas immense de rochers, condamnés
« par la nature à une stérilité éternelle. Je n'ai ja-
« mais vu un souffle de vent rider la surface de
« cette eau ; elle n'est troublée que par la chute
« d'énormes morceaux de glace qui se détachent
« très-fréquemment de cinq différents glaciers, et
« qui font en tombant un bruit qui retentit au loin
« dans les montagnes. L'air y est si tranquille et le
« silence si profond, que la simple voix d'un homme

«se fait entendre à une demi-lieue, ainsi que le bruit
« de quelques oiseaux de mer qui déposent leurs
« œufs dans le creux de ces rochers.

Pendant leur relâche dans ce port, nos navigateurs cherchèrent à pénétrer dans l'intérieur de
l'Amérique par un canal qui se dirigeait à l'ouest
Mais, après une navigation de deux lieues à travers d'immenses glaçons, ils furent arrêtés par une
continuation de glaces et de neiges qui, selon
toute probabilité, ne se terminaient qu'au mont
Beau-Temps. Ils furent donc réduits à regagner
leurs frégates sans avoir obtenu aucun succès.

Ils furent souvent visités par les naturels du
pays, avec lesquels ils commercèrent par des
échanges. Ces Indiens recherchaient surtout le fer
et montraient autant de prédilection pour ce métal
que les Européens en auraient eu pour de l'or.
La première fois que le chef du principal village
vint voir les Français, il parut adresser une prière
au soleil, avant de monter à bord ; puis il pronon-
ça une harangue qui se termina par des chants,
enfin il monta à bord et y dansa avec toute sa suite
pendant une heure. Les présents qu'il reçut de
M. de la Pérouse lui furent si agréables que dès-
lors il vint tous les jours passer cinq ou six heures
sur le vaisseau de ce navigateur, qui ne pouvait le
congédier qu'à force de cadeaux. Moyennant plusieurs aunes de drap rouge, des herminettes, du fer
en barre et des clous, ce chef vendit aux Français
l'île près de laquelle ils avaient mouillé et où ils
avaient établi leur observatoire. M. de la Pérouse
prit possession de ce lieu en faisant enterrer au
pied d'une roche une bouteille qui contenait un acte

constatant cette acquisition, et il mit auprès une des médailles de bronze qui avaient été frappées en France avant son départ.

Cependant le but principal de sa relâche était rempli : il avait achevé ses provisions d'eau et de bois, et avait mis à leur place six canons restés jusqu'alors à fond de cale et dont il allait avoir besoin en naviguant sur la mers de la Chine, fréquemment infestées par des pirates. Il ne lui restait plus, avant de partir, qu'à envoyer placer des sondes sur le plan de la baie, qui avait été dressé. Deux biscayennes et un petit canot furent mis en mer pour cette expédition, dont la conduite fut donnée à M. d'Escures, premier lieutenant de la Boussole et chevalier de Saint-Louis, qui avait déjà commandé des bâtiments de guerre. M. de la Pérouse, dans des instructions écrites qu'il lui donna, lui défendit expressément de s'approcher du courant.

Ses deux biscayennes et le canot partirent le 23 juillet à cinq heures du matin ; elles s'approchèrent de la passe ; mais, s'étant aperçu qu'elle brisait horriblement, M. d'Escures voulut rétrograder ; tous ses efforts pour y réussir furent inutiles ; et quand il se croyait encore éloigné du courant, il s'y trouva engagé. MM. de la Borde frères, et de Flassan, qui montaient la seconde biscayenne, volèrent aussitôt au secours de leurs infortunés camarades, et, pour prix de leur héroïque dévouement, n'obtinrent que de partager leur sort : enveloppés dans le même naufrage, ils subirent le même trépas... Le canot était sous les ordres de M. Boutin, lieutenant de vaisseau. Cet officier fit, du-

rant plusieurs heures, de grands mais infructueux efforts pour secourir ses amis ; il ne dut sa
conservation qu'à la meileure construction de
son canot, à sa prudence et à l'active et prompte
obéissance de son équipage. Avant son départ,
M. de la Pérouse érigea sur l'île du milieu de la
baie, qu'il appela ILE DU CÉNOTAPHE, un monument à la mémoire de ses malheureux compagnons ; c'étaient MM. d'Escures, de Pierrevert,
de Montarnal, de la Borde Marchainville, de la
Borde Boutervilliers frères, de Flassan et quinze
autres individus tant marins que soldats. M. de
Lamanon composa une inscription qui contenait
le récit de cette catastrophe et qu'on enterra
dans une bouteille, au pied du cénotaphe.

Après avoir décrit le PORT DES FRANÇAIS, en
avoir fixé la longitude et la latitude, en avoir
remarqué les productions végétales et minérales,
les oiseaux, les poissons, les coquilles, les quadrupèdes, avoir étudié les mœurs et les cou-
tumes des Indiens, leurs arts, leurs armes, leurs
habillements, leur caractère, leur commerce et
leur langage, les Français appareillèrent le
30 juillet pour se rendre au port de Monterey.
Sur la proposition de M. de la Pérouse, ils arrê-
tèrent que toutes les pelleteries qu'ils avaient
acquises des sauvages et toutes celles qu'ils
acquerraient encore, ne seraient vendues qu'au
profit des matelots.

Le 4 du mois d'août, ils reconnurent l'entrée de
Cross-Sound ; le 5, ils aperçurent un cap qu'ils
nommèrent Cap-Cross, et cette partie de l'Amérique appelée par Cook Baie des Iles. Le 7, ils re-
levèrent un cap qui s'avançait beaucoup à l'ouest
et auquel la Pérouse donna le nom de Cap Tschiri-

kow, en l'honneur du célèbre navigateur russe qui, en 1741, aborda dans cette même partie de l'Amérique. Le soir du même jour, il eut connaissance de cinq îlots qu'il appela îles de la Croyère, du nom du géographe français, Delisle de la **Croyère**, qui s'étant embarqué avec le capitaine Tschirikow, mourut pendant cette campagne. Le 9, il releva les îles San-Carlos. Le 18, il découvrit une baie si profonde qu'il n'apercevait pas les terres qui la terminaient : il lui donna le nom de baie de la Touche. Le 19 au soir, il eut connaissance d'un cap qu'il nomma le Cap Hector, et quelques îlots qu'il appela îlots Kérouart. Enfin, après avoir reconnu et nommé le Cap Buache, le Cap Fleurieu, les îles Sartines, les îles Necker, il aperçut, le 4 septembre, le fort de Monterey et deux bâtiments à trois mâts qui étaient dans la rade; il y mouilla le lendemain à deux encâblures de terre. Le gouverneur des deux Californies réside à Monterey; le pays assigné à sa juridiction a plus de huit cents lieues de circonférence; mais il ne peut guère compter que sur deux cent quatre-vingt-deux soldats qui tiennent garnison dans cinq petits forts ou *présidios,* et qui fournissent des escouades de quatre ou cinq hommes à chacune des vingt-cinq missions établies dans l'ancienne et la nouvelle Californie. Avec d'aussi faibles moyens, il contient cinquante mille Indiens, dont dix mille ont embrassé le Christianisme. Ces Indiens sont presque tous petits et faibles; ils manient l'arc avec adresse et tuent de fort petits oiseaux, mais ils ne les tirent guère qu'à quinze pas. Ils chassent les bêtes fauves, avec une industrie admirable. Les Français virent un de ces Indiens, ayant une tête de cerf attachée sur la sienne, marcher à quatre pattes , feindre de brouter l'herbe et mettre tant de vérité dans son jeu, qu'on l'aurait tiré à trente pas si l'on n'eût été prévenu. Ils approchent ainsi le troupeau de cerfs , et ' .. tuent à coups de flèches.

A leur arrivée dans la rade, nos navigateurs furent salués à coups de canon qu'ils rendirent, et ils envoyèrent chez le gouverneur un officier avec une lettre décachetée et adressée par le ministre d'Espagne au vice-roi du Mexique, dont l'autorité s'étendait jusqu'à Monterey. M. Fagès, gouverneur de la colonie, mit à les obliger un intérêt et un empressement qui méritèrent leur reconnaissance. Toutes les provisions nécessaires furent envoyées à bord avec abondance ; et, lorsqu'il fallut en solder le compte, M. de la Pérouse fut obligé d'insister pour qu'on acceptât son argent. Les légumes, le lait, les poules, tous les travaux de la garnison pour aider les Français à faire l'eau et le bois, furent fournis *gratis* ; et les bœufs, les moutons, les grains furent taxés à si bas prix, qu'il était évident qu'on ne présentait un compte que parce que nos navigateurs l'avaient exigé. Ils furent invités à se rendre à la paroisse de Saint-Charles, et ils y furent reçus comme des seigneurs qui font leur première entrée dans leurs terres. Le président des missions, revêtu de sa chape, le goupillon à la main, attendait les Français sur la porte de l'église, qui était illuminée, comme aux plus grands jours de fête ; il les conduisit au pied du maître-autel, où il entonna le *Te Deum* en action de grâce de l'heureux succès de leur voyage.

Ils avaient traversé, avant d'entrer dans l'église, une place sur laquelle les Indiens des deux sexes étaient rangés en haie; leur physionomie n'annonçait aucune surprise. La paroisse était fort propre, quoique couverte en chaume; elle était dédiée à saint Charles, et ornée d'assez bonnes peintures, copiées sur des originaux d'Italie. En sortant de l'église, M. de la Pérouse et son état-major traversèrent la même haie d'Indiens et d'Indiennes; ceux-ci n'avaient point abandonné leur poste pendant le Te Deum; les enfants étaient seulement un peu écartés, et formaient des groupes près de la maison des missionnaires, qui est en face de la paroisse, ainsi que les différents magasins. Sur la droite était placé le village indien, formé de cinquante cabanes, qui servaient de logement à sept cent quarante personnes des deux sexes, les enfants compris, qui composent la mission de Saint-Charles ou de Monterey.

Les Français profitèrent de leur relâche dans ce présidio pour s'informer des mœurs et des usages des Indiens convertis et des Indiens indépendants; pour connaître les grains, les fruits, les légumes que produit cette contrée, les quadrupèdes, les oiseaux, les poissons que l'on y trouve; pour étudier enfin la constitution militaire de ces deux provinces et obtenir des détails sur leur commerce. Ils ne négligèrent pas non plus de se livrer à des observations astronomiques et nautiques, dont les résultats ont servi de base à leur carte des côtes de l'Amérique; ils composèrent aussi un vocabulaire de la langue des différentes peuplades qui sont aux environs de Monterey.

Ils en partirent le 24 septembre; et, deux jours après, ils gagnèrent le vingt-huitième parallèle sur lequel il se proposaient de chercher, dans un espace de cinq cents lieues, l'île de Nostra Senora de la Gorta. Le 27 octobre, ils parvinrent au méridien de cette île sans avoir pu la trouver. Cependant, le mauvais état de leurs manœuvres les obligea de hâter leur navigation vers l'Asie, et ils s'empressèrent de se rapprocher des Tropiques pour rencontrer les vents alizés qui devaient les conduire à ce terme.

Le 4 novembre, ils aperçurent et reconnurent, le lendemain, une île fort petite, qui n'est qu'un rocher de cinq cents toises de longueur, dont le bord est à pic, comme un mur, et sur laquelle la mer brise avec force, en sorte qu'il fut impossible d'y débarquer. La Pérouse l'appela ILE NECKER. La nuit suivante, les deux vaisseaux faillirent donner sur des brisants que la beauté de la mer ne leur permit d'apercevoir que lorsqu'ils s'en trouvèrent à deux encâblures. L'ordre et la promptitude des deux équipages à exécuter les manœuvres remédièrent à l'imminence du danger. La Pérouse fit déterminer la position de cet écueil et l'appela BASSE DES FRÉGATES FRANÇAISES. Le 14 décembre, il arriva à l'île de l'Assomption des Mariannes. L'aspect horrible de ce lieu, peuplé de crabes de la plus grande espèce, et où la lave d'un volcan a formé des ravins et des précipices, bordés de quelques cocotiers rabougris, ne permit pas à nos navigateurs d'y prolonger leur séjour. Après y avoir pris de très belles coquilles, une grande quantité de plantes, trois ou quatre nouvelles espèce de bananiers et une centaine de noix de cocos, il remirent à la voile pour le port de Macao, où il mouillèrent le 3 janvier 1787.

M. de Lémos, gouverneur de cette place, leur fit un accueil non moins amical que celui dont ils avaient été favorisés au Chili et à Monterey. Toutes les permissions qui leur étaient nécessaires leur furent accordées avec une grâce et une amabilité qui en doublaient le prix. Des détails intéressants sur Macao, son gouvernement, sa population, ses rapports avec les Chinois, furent obtenus par M. de la Pérouse pendant cette relâche. A son départ il n'avait pas encore pu vendre les pelleteries qu'il avait à bord de ses deux frégates ; il chargea de ce soin M. Elstockenstrom, chef de la compagnie suédoise, dont les manières obligeantes avaient été pour nos navigateurs celles d'un ancien ami et du compatriote le plus zélé. Nous n'omettrons pas non plus de dire que, par un heureux hasard, ils avaient trouvé dans ce port une flûte française que commandait M. de Richery ; cette rencontre fut pour eux une bien douce compensation à toutes les fatigues qu'ils avaient jusqu'alors essuyées.

Le 5 février, ils remirent à la voile pour l'île de Luçon. Chemin faisant, ils relâchèrent dans l'île de Maribelle, où ils firent du bois à meilleur marché qu'ils ne s'en seraient procuré à Luçon. Ils arrivèrent le 28 à cette dernière île et mouillèrent dans le port de Cavite. A peine y avaient-ils jeté l'ancre qu'un officier vint, de la part du commandant de la place, les prier de ne communiquer avec la terre qu'après la réception des ordres du gouverneur général à qui l'on enverrait un courrier dès qu'on serait informé du motif de leur relâche. M. de la Pérouse fit aussitôt connaître que ce motif était le désir de s'approvisionner et de réparer ses frégates. Bientôt arriva de Manille le commandant de la baie, qui engagea nos navigateurs à se rendre dans ce port, où la saison permettait de mouiller. Mais M. de la Pérouse préféra demeurer à Cavite, et se borna à envoyer M. Boutin à M. Basco, gouverneur général de Manille. Ce gouverneur fit le meilleur accueil à l'officier français; il donna les ordres les plus formels pour que rien ne retardât le départ des deux frégates, et il écrivit au commandant de Cavite de permettre aux équipages de ces deux vaisseaux de communiquer avec la place et de leur y procurer les secours et les agréments qui dépendaient de lui. Aussitôt que le contenu de ces dépêches eut été connu, M. de la Pérouse et ses compagnons furent, en quelque sorte, considérés comme des citoyens de Cavite : ils trouvèrent différentes maisons pour travailler à leurs voiles, faire leurs salaisons, construire des canots, loger les naturalistes, les ingénieurs géographes; le commandant leur prêta même la sienne pour y dresser leur observatoire. De son côté, M. Bermudès, commandant de la baie, leur accorda fort gracieusement tout ce qu'ils lui demandèrent, et prévenait leurs désirs. Les nombreux avantages que M. de la Pérouse trouva dans ce port le déterminèrent d'autant mieux à y réparer entièrement ses frégates, qu'il était obligé d'attendre au moins un mois les provisions dont il avait adressé l'état à l'intendant de Manille

Le surlendemain de son arrivée à Cavite, il s'embarqua avec plusieurs de ses officiers pour se rendre à Manille. Ils y furent rendus en deux heures et demie, et firent leur première visite au gouverneur qui les retint à dîner, et qui leur donna le capitaine de ses gardes pour les conduire chez l'archevêque, l'intendant et les différents magisrats.

Ils étaient à pied par un temps extrêmement chaud et dans une ville où tous les citoyens ne sortent qu'en voiture : mais on n'en trouve pas à louer comme à Batavia; et, sans M. Sébir, négociant français, qui, informé par hasard de leur arrivée à Manille, leur envoya son carrosse, ils auraient été obligés de renoncer aux différentes visites qu'ils s'étaient proposé de faire. Ce négociant leur rendit en outre les services les plus essentiels pendant leur séjour dans l'île de Luçon.

Craignant que les personnes chargées d'approvisionner les deux frégates ne prolongeassent outre mesure sa relâche à Cavite, M. de la Pérouse les fit surveiller par M. de Vaujuas, lieutenant de l'un de ses vaisseaux. Mais cet officier lui apprit bientôt que son séjour à terre était inutile : M. Gonsoles Carvagnal, intendant des Philippines, allait lui-même, chaque jour, voir les progrès des ouvriers qui travaillaient pour les frégates françaises, et sa vigilance était aussi active que s'il eût fait partie de l'expédition. N'oublions pas d'ajouter que ce fonctionnaire rendit à nos savants les services les plus signalés, en leur ouvrant son cabinet d'histoire naturelle et en leur faisant part de ses différentes collections. Peu après, M. de la Pérouse reçut de

Macao une lettre par laquelle M. Elstockenstrom lui annonçait qu'il avait vendu les pelleteries de nos Français et qu'il l'autorisait à tirer sur lui une lettre de change de dix mille piastres; cet effet fut escompté par les soins de M. Gonsoles, et la somme qui en provint, distribuée aux matelots des deux équipages.

Cependant, nos navigateurs commençaient à éprouver le mauvais effet des chaleurs qui se faisaient sentir à Luçon. L'un d'eux, M. Daigremont y mourut d'une dyssenterie, et la même maladie atteignit dangereusement M. de Lamanon. Aussi s'étant suffisamment approvisionné, ayant fait à ses frégates toutes les réparations nécessaires et pris toutes les précautions qu'exigeait la prudence, M. de la Pérouse mit à la voile le 9 avril, après avoir recueilli les documents les plus circonstanciés sur les îles Philippines.

Le 21, il eut connaissance de l'île Formose; le 22, il releva l'île de Lamay. L'irrégularité du fond l'obligea de passer la nuit à l'ancre et de revenir le lendemain sur les côtes de Formose, qu'il avait abandonnées pour se rapprocher de la Chine. Il mouilla à l'ouest de la baie de l'ancien fort de Zélande, afin d'apprendre des nouvelles de la colonie chinoise de Taywan, révoltée contre sa métropole; mais tous ses efforts pour en être informé par des pêcheurs chinois étant demeurés infructueux, il remit à la voile, et aperçut bientôt la flotte chinoise mouillée à l'embouchure d'une riviére. Surpris par le temps le plus affreux, au milieu d'une mer extrêmement grosse, et sur un fond qui variait de douze à quarante brasses, il ne put passer dans le

canal qui sépare Formose des îles du nord-est **des**
Pescadores ; il se dirigea donc vers celles de **ces**
îles qui sont les plus méridionales. Elles offrent un
amas de rochers représentant toutes sortes de figures; une , entre autres , ressemble parfaitement
à la tour de Cordouan , et l'on jurerait que ce rocher est taillé par la main des hommes. Ayant pénétré dans un canal entre Formose et les îles
Bashées ; il essuya une violente pluie et un orage
terrible. Durant toute une journée , le calme le retint à mi-canal entre les îles Bashées et celles de
Botol Tabaco-Xima , où les vents du sud-est, qui
se levèrent ensuite , ne lui auraient pas permis
de mouiller sans péril. Le 5 mai , il eut connaissance de l'île Kumi , il y aperçut des feux en plusieurs endroits et des troupeaux de bœufs. Plusieurs
pirogues se détachèrent de la côte pour observer
nos frégates , et s'en éloignèrent ensuite avec
frayeur. Enfin les cris et les signes de nos navigateurs et la vue de quelques étoffes engagèrent deux
de ces embarcations à s'approcher des Français ,
qui leur donnèrent deux pièces de nankin et quelques médailles. Les insulaires envoyèrent , au
moyen d'une corde, un seau d'eau fraîche à nos
navigateurs, en faisant signe qu'ils allaient à terre
chercher des vivres. Avant d'aborder les frégates ,
ils avaient posé leurs mains sur la poitrine et levé
les bras vers le ciel ; quand ils virent les Français
répéter ces gestes, ils se déterminèrent à venir à
bord, mais c'était avec une défiance que trahissait
leur physionomie. Ils invitèrent cependant nos
navigateurs à s'approcher de la terre , leur faisant
connaître qu'ils n'y manqueraient de rien. Le

courant s'opposa à ce que M. de la Pérouse se rendît à leur désir, qui était aussi le sien.

Ces insulaires ne sont ni Chinois, ni Japonais; mais, placés entre ces deux peuples, ils participent de l'un et de l'autre : ils étaient vêtus d'une chemise ou d'un caleçon de toile de coton; leurs cheveux, retroussés sur le sommet de la tête, étaient roulés autour d'une aiguille qui paraissait d'or; chacun avait un poignard dont le manche était aussi d'or.

A une heure après midi, M. de la Pérouse fit voile vers le nord. Le lendemain, il reconnut l'île de Tiaoyu-su, et le surlendemain celle de Hoapinsu. Il était déjà sorti de l'archipel des îles Likeu et il allait entrer dans une mer plus vaste, entre le Japon et la Chine. Il éprouva sur la côte septentrionale de ce dernier pays des contrariétés qui ne lui permirent que de faire sept ou huit lieues par jour ; les brumes y furent épaisses et constantes. Le 21 mai, il eut connaissance de l'île Quelpaert. Il n'est guère possible de trouver une île qui offre un plus bel aspect : un pic d'environ mille toises, qu'on peut apercevoir de dix-huit à vingt lieues, s'élève au milieu de l'île, dont il est sans doute le réservoir; le terrain descend en pente très douce jusqu'à la mer, d'où les habitations paraissent en amphithéâtre. Le sol semble cultivé jusqu'à une très grande hauteur. Les champs y sont très morcelés, ce qui prouve une grande population. Les nuances très variées de la culture rendent cette île encore plus agréable. Elle appartient malheureusement à un peuple à qui toute communication est interdite avec les étrangers, et qui retient en esclavage quiconque fait naufrage sur ces côtes. La connaissance de cet

usage ne permit point à M. de la Pérouse d'envoyer
à terre ses embarcations. Le lendemain, il se dirigea vers le nord-nord-est pour approcher la Corée,
et il vit une chaîne d'îles ou de rochers qui en bor-
dent le continent dans un espace de quinze lieues.
Dans la nuit du 25, il passa le détroit de la Corée,
dont le plan fut tracé le lendemain par les soins de
M. Dagelet. Comme la côte de Corée parut plus
intéressante que celle du Japon, M. de la Pérouse
l'approcha à deux lieues, et fit une route parallèle
à sa direction. Il en suivit le continent de très-près,
distingua les villes et les maisons qui sont sur le
bord de la mer, et reconnut l'entrée des baies. Il
vit, sur des sommets de montagnes, quelques for-
tifications qui ressemblent à des forts européens ; et
il est vraisemblable que ces moyens de défense sont
surtout dirigés contre les Japonais. Sur la côte, on
apercevait une douzaine de champans, qui ne dif-
féraient en rien de ceux des Chinois ; leurs voiles
étaient pareillement faites de nattes.

La vue des vaisseaux français ne sembla leur causer que très-peu d'effroi. Cependant, à onze heures
du matin, deux barques vinrent reconnaître les
frégates, et les suivirent pendant deux heures ;
dans l'après-midi, des feux allumés sur toutes les
pointes parurent annoncer que l'apparition de nos
navigateurs avait jeté l'épouvante sur la côte. Dans
la nuit du 26 au 27, M. de la Pérouse éprouva un
coup de vent qui dura huit heures, et la mer devint
fort grosse. Le 27, il dirigea sa route sur la pointe
du sud-ouest de l'île Niphon, et aperçut une île,
jusqu'alors inconnue aux Européens, à laquelle il
donna le nom de l'île Dagelet. Il en fit le tour : elle

n'a que trois lieues de circouférence ; elle est fort escarpée, mais couverte, depuis la cime jusqu'au bord de la mer, des plus beaux arbres. Elle n'est accessible que par sept petites anses où l'on vit sur le chantier des bateaux d'une forme tout à fait chinoise. La violence des courants ne permit pas à M. de la Pérouse d'y relâcher. Malgré les vents contraires, il fit voile vers la partie nord-ouest du Japon pour en déterminer quelques points. Le 2 juin, il eut connaissance de deux bâtiments japonais ; l'un d'eux passa fort près de la *Boussole*, il avait vingt hommes d'équipage tous vêtus de soutanes bleues de la forme de celles de nos prêtres. La physionomie de ces individus ne parut exprimer ni la crainte, ni même l'étonnement : ils ne changèrent de route que lorsque, à portée de pistolet de l'*Astrolabe*, ils craignirent d'aborder cette frégate. Ils avaient un petit pavillon japonais blanc, sur lequel on lisait des mots écrits verticalement. Le nom du vaisseau était sur une espèce de tambour placé à côté du mât de ce pavillon. Hélé par l'*Astrolabe*, il répondit ; mais cette réponse ne fut pas mieux comprise de nos navigateurs que la question de ceux-ci ne l'avait été des Japonais.

Le 6 juin, M. de la Pérouse eut connaissance du cap Noto, et de l'île Jootsi-Sima qui en est séparée par un canal de cinq lieues. Cette île est petite, plate, mais bien boisée et d'un aspect fort agréable ; sa circonférence n'excède pas deux lieues, et sa population est fort nombreuse. On remarqua entre les maisons des édifices considérables ; et, près d'une espèce de château qui était à la pointe du sud-ouest, on distingua des piliers avec une large poutre posée dessus en travers. Parvenus à ce point, nos navigateurs avaient fait d'excellents relèvements de la côte du Japon, au sud du cap Noto, jusqu'à un cap au-delà duquel on n'apercevait rien; ils avaient assigné à la mer de Tartarie ses véritables limites du nord au sud. Ils mirent ensuite la plus grande exactitude à relever les côtes de la Corée, jusqu'au point où elles cessent de courir ar nord-est pour prendre une direction vers l'ouest et ils atterrirent sur le point de la côte qui sépare cette presqu'île de la Tartarie des Mantchéoux. Ils longèrent les côtes de cette dernière dans un espace de quarante lieues, sans qu'il fût possible d'y mouiller. Ils continuèrent leur route jusqu'au 44e degré 45 minutes de latitude nord, au milieu de brumes fréquentes, mais qui leur laissaient toutefois le temps de relever les parties des côtes qu'ils longeaient. Enfin, le 23 juin, par le 45e degré 13 minutes de latitude nord, et le 135e degré 9 minutes de longitude orientale, ils découvrirent sur les côtes de la Tartarie une baie qu'ils nommèrent *baie de Ternai* et dans laquelle ils jetèrent l'ancre. Cinq petites anses forment le contour de cette rade; elles sont séparées entre elles par des coteaux couverts d'arbres jusqu'à la cime, et nuancés d'un vert aussi vigoureux que varié. Sur le bord de la mer, des bœufs et des ours paissaient tranquillement. Tandis qu'on se préparait à la chasse et qu'on apprêtait les futailles pour les remplir d'une eau limpide qui coulait dans les anses, les matelots pêcheurs avaient déjà pris douze ou quinze morues. Trois canots des deux frégates descendirent dans une anse. Les offi ciers et les passagers qui les montaient trouvèrent la campagne remplie de petits oignons, de céléri, d'oseille et généralement des mêmes plantes qui croissent dans nos climats. Ils virent, sous la lisière des bois, des pommiers et des azeroliers en fleur, avec des massifs de noisetiers dont les fruits commençaient à nouer. Ils aperçurent aussi des traces de fréquentation. De petits paniers d'écorce de bouleau, cousus avec du fil, des raquettes propres à marcher sur la neige, avaient été abandonnés près du rivage. Débarqués dans l'intention de chasser, nos navigateurs, dont la joie bruyante avait sans doute effarouché le gibier, ne tuèrent que trois faons. Obligés de marcher sans cesse au milieu d'herbes hautes de quatre pieds et infestées de serpents, ils ne purent pousser bien loin leur excursion. Le lendemain, ils se placèrent en embuscade pour attendre les ours ; mais ils ne furent pas plus heureux que la veille, et ils se décidèrent à renoncer à la chasse pour se livrer à la pêche, à laquelle ils étaient invités par l'avantage du lieu et par l'abondance du poisson. A la suite d'une de ces parties de pêche, ils découvrirent, sur le bord d'un ruisseau et près d'une case ruinée, un tombeau tartare renfermant deux personnes placées à côté l'une de l'autre. Leurs têtes étaient couvertes d'une calotte de taffetas ; leurs corps, enveloppés dans une peau d'ours, avaient une ceinture de cette même peau, à laquelle pendaient de petites monnaies chinoises et différents bijoux de cuivre. Des rassades bleues étaient semées dans ce tombeau; on y trouva aussi dix ou douze espèces de pendants d'oreille en argent, du poids de deux gros chacun ; une hache de fer, un couteau de même métal, une cuiller de bois, un peigne, un petit sac de nankin bleu, plein de riz, furent encore vus dans ce sépulcre. Il était fait avec des tronçons d'arbres, et on l'avait revêtu d'écorce de bouleau.

La petite quantité d'oiseaux, qu'offrait la baie de Ternai, et les productions tant minérales que végétales qui étaient absolument semblables à celles de la France, rendirent cette relâche peu utile aux savants. Aussi, le 27 juin, M. de la Pérouse, ayant déposé à terre des médailles et une bouteille avec une inscription qui contenait la date de son arrivée, mit à la voile et continua de longer les côtes en se dirigeant toujours vers le nord. Le 4 juillet, il vit se dissiper les brumes qui jusqu'alors l'avaient environné, et il aperçut une grande baie où coulait une rivière de quinze à vingt toises et à laquelle il donna le nom de *baie de Suffren*. Deux canots allèrent la reconnaître; et, par leur rapport, ne donnèrent nulle envie d'y relâcher. Les deux frégates poursuivirent donc leur voyage. Après avoir navigué au milieu de brumes épaisses, on découvrit une île qui paraissait fort étendue; le 12 juillet on s'en approcha et l'on y descendit, quand on eut mouillé non loin d'une baie à laquelle on donna le nom de *baie de Langle*, parce que l'officier qui portait ce nom l'avait reconnue et y était descendu le premier. On y trouva deux cases abandonnées, dans lesquelles on déposa quelques présents, afin d'engager les propriétaires à communiquer avec les frégates. Sur le soir, on vit arriver une pirogue montée par sept hommes: deux d'entr'eux étaient à peu près vêtus comme les Chinois; les autres n'avaient qu'une longue robe qui fermait

entièrement au moyen d'une ceinture et de petits
boutons. Leur tête était nue; deux ou trois l'avaient
entourée d'un bandeau de peau d'ours. Tous avaient
des bottes de peau de loup marin et étaient armés
d'arcs, de piques et de flèches garnies en fer. Le
plus vieux était traité par les autres avec beaucoup
d'égards. On leur distribua des présents en leur faisant promettre de revenir le lendemain. Ils furent
exacts à se trouver à ce rendez-vous et y vinrent
accompagnés de plusieurs autres insulaires. Ils sai-
sirent avec intelligence toutes les questions qu'on
leur adressa et ils y répondirent avec précision. Ils
dessinèrent fort adroitement, sur une feuille de pa-
pier, leur île, qu'ils nommèrent Tchoka, et le pays
des Mantchéoux avec le fleuve Saghalien ; ils donnèrent à ces deux contrées la même configuration
qu'elles ont reçue de la nature. Nul peuple n'avait
encore excité la curiosité et l'intérêt de nos navigateurs à un si haut degré que ces insulaires. Nos arts,
nos étoffes attiraient leur attention; ils retournaient
en tous sens ces étoffes; ils en causaient entr'eux,
et cherchaient à découvrir par quel moyen on était
parvenu à les fabriquer. Quoiqu'ils ne cultivent pas
la terre, ils profitent avec intelligence de ses productions spontanées. Cette île parut fort pauvre à
nos navigateurs, qui n'y virent que très-peu de
fourrages et qui n'y purent traiter que deux peaux
de martre.

Le 14 juillet, ils remirent à la voile ; et, le 19,
ils mouillèrent encore sur la côte de Tchoka, dans
une baie excellente qu'ils appelèrent *baie d'Estaing*.
Ils y trouvèrent quatre pirogues dont les équipages
étaient Mantchéoux. Par le moyen de quelques ma-

telots chinois qui étaient à bord des frégates, on
s'entretint avec ces Tartares , et l'on obtint d'eux
la confirmation de tous les renseignements géogra-
phiques reçus des insulaires de la baie de Langle.
On remit à la voile, et l'on continua de suivre vers
.e nord la côte ouest de l'île de Tchoka, que nos
géographes appellent aussi île Saghalien. Le 22,
on mouilla à une lieue de terre par le travers d'une
petite rivière. Le canot qu'on y envoya pour chercher une baie en revint avec douze cents saumons
que les matelots avaient tués en une heure à coups
de bâton. Les botanistes et les lithologistes firent
sur cette côte une ample collection de plantes et de
pierres curieuses. Le 23, M. de La Pérouse, ayant
appareillé, reconnut une baie à laquelle il donna le
nom de *baie de la Jonquière*, et il continua sa route
pour achever de reconnaître le détroit où il se trouvait engagé et que l'on appelle Manche de Tartarie
ou détroit de Saghalien. Afin de s'assurer s'il trouverait un passage dans le nord, il sonda des deux
côtés et au milieu de cette manche ; mais il se con-
vainquit que le fond était uniforme dans cette direction , tandis qu'il diminuait vers le nord. Cette
diminution devint de trois brasses par lieue, en sorte
que M. de la Pérouse craignit, en poursuivant son
voyage vers le septentrion , de voir échouer ses
deux frégates. Pour comble de malheur, les vents
du sud soufflaient avec violence et la mer était fort
mauvaise. Pour éviter le danger, on envoya deux
canots chargés de sonder, l'un au sud-est, et l'autre
au nord. Le premier revint bientôt après ; le second
ne fut de retour qu'au bout de cinq heures ; il avait
fait une lieue et n'avait plus trouvé qu'un fond de

six brasses. Nos navigateurs appareillèrent le lendemain ; et, le 28 juillet, ils mouillèrent sur la côte de Tartarie dans une baie sûre et commode qu'ils nommèrent *baie de Castries*, à deux cents lieues du détroit de Sangaar, seule porte dont on fût certain pour sortir des mers du Japòn et arriver au Kamtschatka où nos deux frégates devaient se rendre cette année. Malgré la violence du vent du sud qui s'opposait à cette destination, M. de la Pérouse ne désespéra pas d'y arriver, et il ordonna de s'approvisionner promptement d'eau et de bois afin de reprendre la mer au bout de cinq jours. En même temps, on se livra à la pêche, on leva le plan de la baie, on fit des observations astronomiques. Non loin de là était un village dont les habitants se nommaient Orotchys. Leur chef accueillit parfaitement nos navigateurs, les reçut dans sa cabane au milieu de sa famille, les invita à s'asseoir sur une natte, et leur servit du saumon bouilli avec une graine qui paraît venir du pays des Mantchéoux. Rien n'égale le respect de ces Orotchys pour les tombeaux et les propriétés, leur tendresse pour leurs enfants, leur union entr'eux. Telle était la confiance que leur inviolable fidélité inspira à M. de la Pérouse, qu'il laissait, au milieu de leurs cabanes et sous la sauvegarde de leur probité, des sacs pleins d'étoffes, de rassades, d'outils de fer, et généralement tout ce qui servait aux échanges, sans que jamais ils en aient abusé. Eprouvant la même confiance qu'ils inspiraient à nos navigateurs, les Orotchys les voyaient entrer dans les cases et descendre dans les tombeaux, sans que jamais il les aient accompagnés, sans qu'ils aient témoigné la moindre crainte

de voir enlever leurs meubles, qu'ils savaient cependant être désirés des Français. Le trait suivant don-
nera une idée de la noblesse de leurs procédés .
« Ils ne recevaient nos présents qu'avec répugnance,
dit M. de la Pérouse , et ils les refusèrent souven'
avec opiniâtreté. Je crus m'apercevoir qu'ils dési-
raient peut-être plus de délicatesse dans la manière
de les leur offrir. Pour vérifier si ce soupçon était
fondé, je m'assis dans une de leurs cases et après
avoir approché de moi deux petits enfants de trois ou
quatre ans, et leur avoir fait quelques légères caresses
je leur donnai une pièce de nankin couleur de rose,
que j'avais apportée dans ma poche. Je vis les yeux
de toute la famille témoigner une vive satisfaction,
et je suis certain qu'ils eussent refusé ce présent si
je le leur eusse directement adressé. Le mari sortit
de sa case, et rentra bientôt après avec son plus beau
chien, qu'il me pria d'accepter ; je le refusai, en
cherchant à lui faire comprendre qu'il lui serait
plus utile qu'à moi; mais il insista, et, voyant que
c'était sans succès, il fit approcher les deux enfants
qui avaient reçu le nankin , et appuyant leurs petites mains sur le dos du chien, il me fit entendre
que je ne devais pas refuser ses enfants. »

Des Tartares Bitchys que leur commerce avait
conduits sur cette côte, apprirent par signe à
M. de la Pérouse que l'extrémité septentrionale de
l'île de Tchoka est jointe par un banc de sable au
continent de la Tartarie. Après avoir examiné les
productions de la *baie de Castries*, nos navigateurs
en partirent le 2 août. Le 8, le vent du nord succéda
à celui du sud et vint leur prêter un secours aussi
utile qu'inattendu. Ils atteignirent heureusement

la pointe méridionale de l'île de Tchoka, qu'ils appelèrent cap Crillon ; et ils découvrirent un détroi
de douze lieues entre cette île et celle de Chicha (1 .
Ils reconnurent que la première est l'Oku-Jesso ,
et la seconde le Jesso des Japonais. Ce fut au cap
Crillon que, pour la première fois, ils reçurent sur
leurs vaisseaux la visite des insulaires de Tchoka.
Ceux-ci, quand leur première répugnance se fut
dissipée, montèrent à bord comme chez leurs meil-
leurs amis ; ils s'assirent en rond sur le tillac et y
fumèrent leurs pipes. Ils furent comblés de présents
et témoignèrent leur reconnaissance par des gestes
qui ne manquaient point de noblesse. Mais ces dons,
loin de la satisfaire, irritaient leur cupidité; et plus
ils recevaient plus ils devenaient importuns.

Après avoir fait un grand nombre d'observations
tant sur la topographie de ce pays que sur les mœurs
de ses habitants , M. de la Pérouse mit à la voile ;
il doubla le cap Crillon, releva le cap Aniva et eut
connaissance de l'île des Etats ; il releva le cap
Troun et le cap Uriès. Le 20, il aperçut l'île de la
Compagnie et reconnut le détroit d'Uriès. Les jours
suivants, il fut singulièrement retardé dans sa marche par des brumes continuelles. Le 29, il reconnut
l'île Marikan qu'il regarde comme la première des
Kuriles. Le lendemain, il donna à la pointe sud-
ouest de cette île le nom de cap Rollin , du nom de
son chirurgien-major; le même jour, il aperçut dans
le sud-ouest les îles des Quatre-Frères. La nuit suivante, il donna dans le canal situé entre ces der-

(1) Les géographes ont appelé ce détroit, *détroit de la
Pérouse.*

nières îles et l'île Marikan. Il avait eu le projet d'explorer les Kuriles septentrionales; mais il en fut empêché et par la saison qui était trop avancée, et par les brumes qui, en dix jours, ne lui avaient laissé de clarté que durant vingt-quatre heures. Il continua donc sa route pour le Kamtschatka. L'horizon, qui s'éclaircit un peu le 5 septembre au soir, lui permit d'en apercevoir les côtes; le 6, il eut connaissance du port d'Avatscha, et il y mouilla le jour suivant. Le gouverneur vint à cinq lieues au-devant de lui, dans sa pirogue. Il dit à nos navigateurs qu'ils étaient annoncés depuis long-temps, et que le gouverneur-général de la presqu'île, qui était attendu à ce port dans cinq jours, avait des lettres pour eux. Bientôt le toyon, ou chef du village, et plusieurs autres habitants vinrent les visiter et leur apportèrent quelques présents en saumons et en raies. Ils offrirent leurs services pour la chasse aux ours et aux canards. Les Français leur fournirent des fusils, de la poudre, du plomb, et, grâce à l'adresse de ces Kamtschadales, ils ne manquèrent point de gibier pendant tout leur séjour dans la baie d'Avatscha. Cependant, M. de la Pérouse écrivit à M. Kasloff-Ougrenin, gouverneur d'Okhotsk, de qui dépendait le Kamtschatka, et il logea à terre les astronomes dans une maison fort commode que M. Kaborof, commandant d'Avatscha, lui procura fort obligeamment. Les naturalistes allèrent visiter le cratère d'un volcan voisin et s'élevèrent avec des peines incroyables à une hauteur extraordinaire.

M. Kasloff arriva enfin : il n'apportait aucune lettre à nos navigateurs, mais il leur procura toutes les provisions qu'il put trouver et refusa absolument d'en recevoir le prix. Cet officier fit preuve d'un esprit cultivé, d'une politesse exquise et des sentiments les plus affectueux envers l'équipage de nos deux frégates. Il donna à M de la Pérouse et à ses officiers un bal où des femmes Kamtschadales les surprirent beaucoup par la singularité de leurs danses, auxquelles il ne fallait que des bras, des épaules, et presque pas de jambes. C'étaient des convulsions continuelles qui peinaient d'autant plus les spectateurs qu'elles étaient accompagnées de cris de douleur, seule musique qui servît à mesurer les mouvements de ces danseuses. La fatigue de celles-ci est telle, pendant cet exercice, qu'elles sont toutes dégoûtantes de sueur, et restent étendues à terre sans avoir la force de se relever. On les congédia en leur faisant avaler un verre d'eau-de-vie, et l'on s'empressa de recevoir un courrier qui apportait des lettres à nos navigateurs, mais surtout à M. de la Pérouse qui y trouva sa nomination au grade de chef d'escadre. Informé de cette nouvelle, M. Kasloff la fit célébrer par le bruit de toute son artillerie.

Nos navigateurs profitèrent de leur relâche dans cette contrée pour visiter le tombeau du géographe français, de l'Isle de la Croyère, qui y était mort en 1741. L'épigraphe de ce savant, composée par M. Dagelet, l'un des compagnons de M. de la Pérouse, fut gravée sur une plaque de cuivre et attachée sur ce tombeau. Avant de remettre à la voile, M. de la Pérouse demanda et obtint de M. Kasloff la permission de renvoyer en France, avec ses dépêches et son journal, M. de Lesseps, qui l'avait accompagné en qualité d'interprète.

Il reprit la mer le 29 septembre, après avoir re-

cueilli sur le Kamtschatka les détails les plus intéressants. Les vents se fixèrent à l'ouest avec une
opiniâtreté et une violence qui ne lui permirent point
de reconnaître et de relever les Kuriles, comme il
se l'était proposé. Il dirigea donc sa route pour couper, par le 165ᵉ méridien, le 37ᵉ degré 30 minutes de latitude, où les Espagnols prétendaient avoir
découvert en 1620, une île grande, riche et bien
peuplée. Il n'atteignit ce parallèle que le 14 octobre, et ce fut sans trouver aucune terre, quoiqu'une
assez grande quantité d'oiseaux parussent lui en
indiquer une. Jusqu'au 22, il parcourut le 37ᵉ degré 30 minutes ; mais, se trouvant alors au 180ᵉ
méridien oriental, sans avoir rien découvert, il
abandonna cette recherche, et fit voile vers cette
partie de l'océan équatorial, théâtre des travaux et
de la gloire de tant d'illustres navigateurs. C'est là
qu'il devait compléter les découvertes de Bougainville, de Surville et de Cook.

Le 4 novembre, il était par le 23ᵉ degré 40 minutes de latitude nord, et le 175ᵉ degré 58 minutes
47 secondes de longitude occidentale. Bientôt il
essuya une pluie presque continuelle, à laquelle
succédèrent de brûlantes chaleurs. Il employa tous
ses soins à mettre la santé de ses équipages à l'abri
des funestes effets d'un si mauvais temps. Le 15,
il parvint à la latitude nord de 5 degrés, et il vit
cesser les orages. Le 21, il coupa l'équateur pour
la troisième fois depuis son départ de Brest. Le 2
décembre, il arriva au 10ᵉ degré 50 minutes de
latitude sud. Durant toute cette navigation, l'on
prit un assez bon nombre de requins qui servirent
aux repas des deux équipages. Cependant, les cor-

dages, pourris par l'humidité qu'on avait essuyée sur les côtes de la Tartarie, faisaient ardemment désirer une prompte relâche.

Le 6, M. de la Pérouse reconnut l'île la plus orientale de l'archipel des Navigateurs ; il fit quelques échanges avec les naturels ; il remarqua que cette île n'a pas la largeur que Bougainville lui a assignée ; et, comme la brise de l'est battait sur cette côte qui est hérissée de récifs, il fut impossible d'y mouiller. Nos frégates continuèrent donc leur voyage ; et, le 8, elles arrivèrent en vue de l'île de Maouna, d'où quelques pirogues vinrent au-devant de nos navigateurs, et leur apportèrent des cochons et des fruits qu'elles cédèrent pour des rassades. Le 9, on s'approcha de l'île : les belles eaux qui, du haut des montagnes, tombaient en cascades au pied des villages ; l'abondance des fruits et le grand nombre d'animaux domestiques qui s'y faisaient remarquer, déterminèrent M. de la Pérouse à y relâcher, quoiqu'il n'eût trouvé qu'un assez mauvais mouillage. Aussitôt, M. de Langle et plusieurs officiers descendirent à terre ; ils furent éclairés, à leur débarquement, par des feux que les sauvages avaient allumés ; ils virent ces insulaires leur apporter des oiseaux, des poissons, des fruits, et ils se rendirent au village où ils furent parfaitement reçus. Après un séjour d'une heure, ils revinrent à bord. Le lendemain, M. de la Pérouse profita de la journée qui était fort belle, pour reconnaître le pays, en observer les habitants dans leurs propres foyers, faire de l'eau et augmenter les provisions qu'il s'était déjà procurées. Il maintint le plus grand ordre dans toutes les parties du service, durant cette relâche que l'humeur turbulente des insulaires rendait extrêmement dangereuse. Mais, s'il fut indigné de la férocité dont leur physionomie portait l'empreinte et qui se manifestait dans toute leur conduite, il ne put s'empêcher d'admirer l'élégante construction de leurs cabanes et l'étonnante fertilité de leur île. Quelques grains de verre lui suffirent pour se procurer cinq cents cochons et une immense quantité de poules, de tourterelles et de fruits.

M. de Langle, qui avait été se promener dans une autre partie de l'île, en revint enchanté de la beauté du paysage, et insista pour que, le lendemain, on allât y faire de l'eau. M. de la Pérouse s'y refusa d'abord; mais le capitaine de l'*Astrolabe* insista avec force; il fit valoir la nécessité de renouveler entièrement les provisions d'eau, à cause du scorbut dont on commençait à éprouver les atteintes; et le commandant en chef, vaincu par ses sollicitations, se rendit enfin à ses désirs. Le jour suivant, c'était le 11 décembre, M. de Langle partit avec deux chaloupes et deux grands canots chargés de futailles et montées par soixante et une personnes, l'élite des Français qui se trouvaient sur les deux frégates. Il se dirigea vers l'anse qu'il avait découverte la veille et où il se proposait de faire de l'eau. Quand il fut arrivé, il s'aperçut que la mer, qu'il y avait trouvée à une hauteur convenable, était trop basse pour les chaloupes, qui n'entrèrent dans l'anse qu'en échouant. Il vit les sauvages, qui bordaient la côte au nombre de sept ou huit cents, jeter dans les flots, en signe de paix, plusieurs branches de l'arbre qui leur fournit leur boisson

enivrante. Néanmoins, M. de Langle ordonna
qu'un matelot armé et un soldat gardassent chaque
embarcation, tandis que, protégés par une double
haie de fusiliers, les équipages des chaloupes s'oc-
cuperaient à faire de l'eau. Les futailles remplies,
on rembarqua tranquillement; et M. de Langle,
qui remarqua que le nombre des naturels avait
augmenté, commanda de remonter sur les chaloupes et distribua des présents à quelques insulaires. Cette générosité excita le mécontentement
de tous les autres. Parmi ces derniers, les uns entrèrent dans la mer afin de suivre les Français, pendant que les autres ramassaient des pierres. Aussitôt, M. de Langle ordonna de déchouer, et, pour
vaincre l'opposition qu'y mettaient les sauvages,
dont quelques-uns lançaient des pierres, il tira un
coup de fusil en l'air. Ce fut le signal d'une attaque
générale de la part de ces Indiens. Leur vigueur,
loin de s'amortir, redoublait en proportion de la résistance qui leur était opposée par les Français.
Sans appréhender les atteintes de la mousqueterie,
les uns s'avancèrent vers les chaloupes, et les autres continuèrent la lapidation la plus meurtrière.
M. de Langle fut la première victime de leur fu-
reur; atteint d'une pierre, il tomba du côté de ces
barbares, qui l'achevèrent avec la rage la plus im-
pitoyable. M. de Lamanon, naturaliste distingué,
partagea le même sort, qui fut également celui de
dix individus tant marins que soldats. Les autres,
au nombre de quarante-neuf, après une vigoureuse
résistance, qui leur valut à tous de nombreuses
blessures, abandonnèrent les chaloupes, montèrent
sur les canots, gagnèrent le large et rejoignirent

les frégates. Leur retour fut l'ouvrage de **M.** de Vaujuas; lieutenant de l'*Astrolabe*, qui, malgré l'état de maladie où il se trouvait, et quoique venu sans armes, exposa généreusement sa vie pour le salut de ses compagnons, et ne se retira qu'après s'être assuré qu'il n'en restait aucun au pouvoir de leurs barbares ennemis. A la nouvelle de ce désastre, le plus violent désespoir s'empara des deux équipages, qui furent au moment de tirer sur les pirogues qui environnaient encore les frégates. M. de la Pérouse s'y opposa : sa magnanimité répugna à venger sur des innocents le crime de leurs concitoyens. Il aurait pu un peu plus tard tirer une juste satisfaction d'un si cruel attentat; mais la bonté de son cœur l'emporta toujours sur la vivacité de son ressentiment : — Je craignis, dit-il, de me tromper au choix des victimes, et le cri de ma conscience sauva la vie aux coupables.

Le 14 décembre, il partit de Maouna, qu'il surnomma *l'île du Massacre*, et, à quinze lieues de ces parages, il rencontra l'île d'Oyolava, dont l es habitants ressemblaient beaucoup à ceux de Maouna, et vinrent en grand nombre commercer avec nos navigateurs. Ces insulaires paraissaient n'avoir eu jusqu'alors aucune communication avec les Européens; ils dédaignaient le fer, dont ils ignoraient l'usage, et préféraient un seul grain de rassade à une hache. M. de la Pérouse quitta cette île, qui l'emporte sur celle de Taïti en beauté, en étendue, en fertilité, en population, et il arriva, le 17, à celle de Pola, qui, un peu moins grande qu'Oyolava, n'en est séparée que par un canal de quatre lieues, et fait partie comme les deux autres des îles des Navigateurs. Aucune pirogue n'en sortit pour commercer avec les frégates, peut-être parce que les naturels, informés du désastre arrivé à Maouna, craignaient que le châtiment n'en retombât sur eux. Le 20, M. de la Pérouse eut connaissance des îles des Cocos et des Traîtres de Schouten. La première est séparée de la seconde par un canal d'environ trois milles. Le 21, il s'approcha de l'île des Traîtres, qui, étant plus basse et plus étendue que celles des Cocos, lui parut devoir être plus peuplée. Vingt pirogues s'en détachèrent, s'approchèrent des frégates et, pour des rassades, des morceaux de fer et des clous, ils donnèrent des bananes, des ignames et les plus beaux cocos que nos navigateurs eussent vus. Le 23, les deux frégates firent le tour de cette île, dont le plan fut levé avec exactitude ; ensuite elles prirent leur route au sud-sud-est, vers l'archipel des Amis. La nuit suivante, le temps fut affreux, et ceux à qui le scorbut commençait à se faire sentir souffrirent horriblement. Le 27, on découvrit l'île de Vavao, qui est l'une des plus considérables de l'archipel des Amis. Cook ne l'avait jamais visitée, et le mauvais temps ne permit pas à M. de la Pérouse d'y jeter l'ancre. Il fit route pour l'île de Latté. Comme il n'en était qu'à deux milles, un coup de vent le força de porter sur les îles Kao et Toofoa. Le lendemain, il s'approcha de la dernière, et il s'assura qu'elle était inhabitée, au moins dans les trois quarts de sa cir conférence. Cette île est très-montueuse, très-escarpée et couverte d'arbres jusqu'à la cime ; elle a environ quatre lieues de tour. L'île Kao est trois fois plus élevée que Toofoa, et ressemble au soupirail d'un volcan. Dans l'après-midi, on eut connaissance des deux petites îles de Hoonga-Tonga et de Hoonga-Hapaee. Ce ne sont que de gros rochers inhabitables, assez élevés pour être aperçus de quinze lieues, ayant chacun moins d'une demi-lieue de tour, et situés à dix lieues au nord de Tongatabou. Le 31 décembre, on aperçut cette dernière île, et l'on reconnut la pointe de Van-Diémen et le banc des Brisans. Les insulaires vinrent en pirogues visiter nos navigateurs et leur porter quelques rafraîchissements ; la mer était belle, mais ces peuples, dit M. de la Pérouse, n'osaient approcher des frégates qu'en se jetant à la nage ; ils n'apportaient que des noix de cocos et de bananes ; et, comme la plus petite lame faisait chavirer leurs embarcations, les animaux, s'ils en eussent amenés, auraient été noyés avant d'être arrivés à bord.

Ayant perdu tout espoir de s'en procurer, M. de la Pérouse résolut, le 1er janvier 1788, de s'avancer vers Botany-Bay, en suivant une route qui n'eût encore été parcourue par aucun navigateur. Mais, le 2, les vents le portèrent en vue de l'île Plistard, et le calme l'y retint trois jours. Cette petite île, ou plutôt ce rocher n'a qu'un quart de lieue dans sa plus grande largeur : elle est fort escarpée, n'a que quelques arbres sur la côte du nord-est, et ne peut servir de retraite qu'à des oiseaux de mer. Après avoir navigué par un temps fort couvert et une mer très-grosse, on reconnut, le 13, l'île de Norfolk, où le mauvais temps et une espèce de mur formé tout autour par des laves refroidies empêchèrent les canots de prendre terre. Quoique fort escarpée, cette île n'est guère élevée que de soixante-dix à quatre-vingts toises au-dessus du niveau de la mer. Comme M. de la Pérouse allait appareiller, il apprit, par un signal de l'*Astrolabe*, que le feu était à ce vaisseau. Il l'envoya aussitôt secourir ; mais un second signal lui annonça peu à près, que le feu était éteint ; cet accident provenait d'une caisse de liqueurs chimiques, placée sous le gaillard, et qui s'était embrasée d'elle-même.

Le 14, M. de la Pérouse, qui n'était plus qu'à trois cents lieues de Botany-Bay, força de voile pour y arriver. Il en eut connaissance le 23, mais les vents contraires ne l'y laissèrent aborder que le 26. Il y trouva une flotte anglaise commandée par le commodore Philip, venu pour fonder en ce lieu une colonie. Le commodore était reparti la veille ; mais le capitaine Hunter, commandant le *Sirices*, envoya offrir ses services à nos navigateurs.

Ici se termine le journal de M. de la Pérouse. Par une lettre que, sous la date du 7 février 1788, il écrivit de Botany-Bay au ministre de la marine, on voit qu'il voulait remonter aux îles des Amis, explorer la Nouvelle-Calédonie, l'île Santa-Cruz de Mendana, la côte sud de la terre des Arsacides, la Louisiade, en cherchant à connaître si cette dernière fait partie de la Nouvelle-Guinée. Il se proposait de passer, à la fin de juillet 1788, entre la Nouvelle-Guinée et la Nouvelle-Hollande, par un autre canal que celui de l'Endéavour, supposé qu'il en existât un. Enfin, il devait visiter, pendant le mois de septembre et une partie d'octobre, le golfe de la Carpentarie et toute la côte occidentale de la Nouvelle-Hollande jusqu'à la terre de Diémen ; mais de manière qu'il lui fût possible d'arriver, au commencement de décembre 1788, à l'île de France.

Jusqu'à quel point M. de la Pérouse a-t-il pu
exécuter ses projets ? Voilà ce qu'il est encore
impossible de décider. Ce qu'on ne peut révoquer
en doute, c'est qu'il aura succombé, ou comme les
vingt-un marins au port des Français, ou comme
l'infortuné de Langle dans l'île du Massacre. Mais,
quel qu'ait été son sort, il n'empêchera point que
son nom ne soit immortel ; et, pour avoir été mal-
heureuse, sa destinée n'en sera pas moins digne d'envie. Nos rois, non plus que la patrie, ne se rappel-
leront jamais sans reconnaissance les grands et
héroïques travaux de cet intrépide marin ; et les
services éminents qu'il a rendus à la science ne l'ont
pas moins consacré à l'admiration des étrangers qu'à
celle de ses concitoyens. Puisse un jour quelque
héritier de ses talents et de son courage s'élancer
dans la route qu'il a parcourue et découvrir soit le
sol inhospitalier qui s'abreuva de son sang, soit le
rivage où furent poussés par la tempête ses restes
inanimés. Là, qu'on n'érige point un monument
pompeux. Eh ! qu'importe un monument à la mémoire du navigateur dont la gloire a rempli le
monde civilisé ; mais qu'on place une simple pierre,
que le nom de la Pérouse y soit gravé, et que ce
soit la main d'un Français qui s'acquitte de ce pieux
devoir. C'en sera assez, si non pour adoucir les re-
grets qu'excitera éternellement une perte aussi
cruelle, du moins pour satisfaire à ce qu'exigent
l'honneur de notre patrie, celui de notre marine,
et le malheur du héros qui s'immola si généreusement à la gloire de toutes les deux.

VOYAGE ENTREPRIS POUR DÉCOUVRIR LES TRACES DE LA PÉROUSE, PAR LE CONTRE-AMIRAL JOSEPH A. BRUNI D'ENTRECASTEAUX.

Durant sa campagne dans l'Inde, M. d'Entrecasteaux, s'avançant d'abord à l'est par le détroit de la Sonde, passant à travers les îles de ce détroit et les Moluques, pénétra dans le grand Océan pacifique ; et, après avoir contourné, par l'est et par le nord, les Mariannes et les Philippines, il arriva à Canton.

Les talents dont il avait donné des preuves au milieu des dangers de cette navigation, lui firent confier le commandement de deux vaisseaux chargés de mettre tout en œuvre pour découvrir les traces de la Pérouse et pour compléter les découvertes commencées par cet infortuné navigateur.

Ces deux vaisseaux, la *Recherche* et l'*Espérance*, montés par deux cent dix-neuf hommes, parmi lesquels se trouvaient un grand nombre de savants, étaient munis de toutes les armes nécessaires pour résister aux sauvages, chargés d'une considérable quantité d'objets propres à leur être distribués, et approvisionnés de vivres pour dix-huit mois ; ils partirent de Brest le 28 septembre 1791. Le 29, d'Entrecasteaux, par l'ouverture des dépêches dont il ne devait prendre connaissance qu'en mer, fut informé qu'il était nommé contre-amiral, et que le major Huon Kermadec, commandant de l'*Espérance*, était promu au grade de capitaine de vaisseau. Le porte-voix annonça sur-le-champ cette nouvelle à l'*Espérance*, et les pavillons de poupe

furent aussitôt arborés avec les marques distinctives
du grade qui venait d'être conféré au général en
chef. Le vent, variable jusqu'au 5 octobre, fut très-
frais jusqu'au 13 que les deux vaisseaux mouil-
lérent à Ténériffe, ce qui, joint au chargement considérable dont ils étaient encombrés, fit craindre
qu'ils ne chavirassent. Entrés dans la rade de Sainte-
Croix, au lever du soleil, ils saluèrent la ville de
quinze coups de canon et de neuf coups les forte-
resses. Cette politesse leur fut rendue avec exactitude. Le 15, Dewelle, sous-lieutenant de la *Recherche*, les naturalistes Labillardière et Deschamps, le
peintre Piron et le jardinier Lahaie partirent avec
trois domestiques pour aller visiter le Pic. Montés
sur des mules, guidés par des gens du pays, secon-
dés par le consul de France, aidés par les soins et
l'obligeance de M. de Cologant, habitant de l'Oro-
tava, nos voyageurs, se dirigeant vers le terme de
leur course, atteiguirent, le 16, à d'épais nuages,
les traversèrent, les virent s'amonceler au dessous
d'eux, se confondre dans le lointain avec les eaux
de la mer, dérober entièrement la vue de Ténériffe,
et donner, à la montagne où ils étaient, l'apparence
d'une île dont la base semblait se plonger dans un
vaste océan. Ils passèrent la nuit au milieu des laves,
dont quelques gros fragments les défendaient à
peine contre le vent d'est qui soufflait avec force,
La rareté du bois, ne permettant de faire que très-
peu de feu, laissait le froid exercer toute sa rigueur.
Le lendemain, nos voyageurs continuèrent leur
route vers le Pic. Ils en trouvèrent la base qui forme
le couronnement des plus hautes montagnes, et
qui, sous la forme d'un cône, s'élance à une pro-

digieuse élévation. Ils étaient parvenus à l'endroit
le plus difficile à gravir. Ils y réussirent néanmoins
et arrivèrent à une sommité terminée par une crête
dont la plus grande hauteur est vers le nord-ouest.
Les vapeurs de l'atmosphère ne pouvant s'élever
jusque là, le ciel s'y montre dans toute sa pureté :
quelques nuages épars çà et là, bien au-dessous des
voyageurs, ne leur dérobaient point la vue des îles
voisines. Le 19, ils furent de retour à bord, chargés
de productions volcaniques et de fort jolies plantes.

Après avoir embarqué d'amples approvisionne-
ments, d'Entrecasteaux apparcilla, le 23 octobre,
pour le cap de Bonne-Espérance. Du 3 au 4
novembre, il éprouva un orage. Vers le 5ᵉ degré
de latitude, les calmes commencèrent et durèrent
dix-sept jours. Bientôt les légumes et les fruits
achetés à Ténériffe se corrompirent. Le 7, un requin qui n'avait guère plus de trois pieds de long
fut pris et mangé par l'équipage de la *Recherche.*
Le 14, on en prit un autre. La chaleur était étouf-
fante. Les vents du sud-est et du sud soufflèrent
avec tant d'opiniâtreté, qu'on ne put couper
l'équateur que le 28, par 26 degrés de longitude
occidentale ; le 17 décembre, on passa sous le tro-
pique du Capricorne ; à cette époque, on pêchait,
à bord de l'*Espérance*, plus de cent bonites par jour
et dix seulement à bord de la *Recherche.* Cette
nourriture contribuait infiniment à soutenir la
santé des équipages. Mais la durée de la traversée,
qu'avait prolongée la variation des vents, obligea
de ne donner à chaque personne qu'une bouteille
d'eau tous les jours ; et bientôt, quelque soin qu'on
prît pour la purifier, elle se trouva de la puanteur

la plus infecte. Le 3 janvier 1792 , vers dix heures
du soir , la lune se montra environnée d'un arc-
en-ciel. Le 9 , on commença d'exercer les équipages à tirer la balle, et ou les y encourageait par
des prix de peu de valeur; cette précaution n'était
pas sans utilité dans une expédition où l'on pouvait
avoir à se défendre contre les sauvages. Le 16 , on
aperçut le cap de Bonne-Espérance, et l'on mouilla,
le 17, dans la baie de la Table. Deux officiers de
santé se rendirent à bord et y constatèrent l'absence
de toute maladie contagieuse.

Le chargé d'affaires de France fit sur-le-champ
parvenir à d'Entrecasteaux des dépêches qui lui
étaient adressées par le commandant de notre station dans les mers de l'Inde, et dont voici la teneur :
Le commodore anglais Hunter, ayant fait naufrage
sur l'île de Norfolk dans la mer du sud, s'était rendu
à Botany-Bay sur la corvette qui le suivait ; il était
reparti de cette colonie sur un petit bâtiment hollandais ; il avait été contrarié par les vents ; il s'é-
tait approché des îles de l'Amirauté ; il en avait vu
venir des bateaux montés par des hommes dont
quelques-uns portaient l'uniforme de la marine
française, et il avait conjecturé que ces vêtements
pourraient avoir appartenu à la Pérouse et à son
équipage.

Après avoir pris connaissance de cette importante
communication, d'Entrecasteaux salua par treize
coups de canon la colonie hollandaise, qui lui
rendit son salut par le même nombre de coups.
Ensuite il descendit à terre avec quelques officiers.
Il y trouva plusieurs voitures et un grand nombre
de musiciens envoyés par le gouverneur , chez

lequel il se rendit au son d'une bruyante symphonie.
Ce fonctionnaire reçut sa visite à la tête du conseil
assemblé et la lui rendit chez le chargé d'affaires
de France. La plupart des officiers prirent des
logements à terre. Les savants qui faisaient partie
de l'expédition profitèrent de cette relâche pour
visiter le jardin de la compagnie hollandaise, et
pour faire diverses excursions à la montagne du
Lion, à celle du Diable, à celle de la Table, ainsi
qu'à d'autres appelées Frausche-Hoek et qui tirent
leur nom de quelques protestants français réfugiés
dans ce canton en 1675. Dans ces courses, il firent
une abondante récolte de plantes, d'insectes et
d'oiseaux. Pendant ce temps, on remplaçait les
provisions que les équipages des deux vaisseaux
avaient consommées avant leur arrivée dans ces
parages.

Le 16 février, tout se trouvant prêt pour le départ et le vent étant favorable, d'Entrecasteaux mit
à la voile et gagna la haute mer. Le 18, mourut
son maître charpentier, qui périt victime des excès
auxquels il s'était livré au cap. Le 20 nos deux navires doublèrent le cap des Aiguilles. Le 25, étant
par le travers du canal de Mozambique, le courant
les fit dériver vers le sud-ouest ; ils commencèrent
à éprouver les violences d'une mer intraitable, et
en furent même endommagés. Le 26, la vague était
tellement agitée, qu'un moulin à vent, quoique for
tement attaché sur la dunette de la *Recherche*, fut
jeté à la mer. Le 3 mars, les vagues s'apaisèrent.
Le 6, comme on ne se trouvait pas assez avancé
pour se rendre aux îles de l'Amirauté, ainsi qu'on
l'avait résolu, d'après les dépêches du commandant

de la station française, on prit le parti de doubler le cap de Diemen pour entrer dans les mers du sud. Contrarié par les vents jusqu'au 28, d'Entrecasteaux n'arriva qu'alors en vue de l'île de saint Paul, dont les forêts qu'on venait d'incendier brûlaient encore. Il n'était qu'à une très-petite distance de cette île quand la nuit arriva. Le 1er avril, il était parvenu au 40ᵉ degré et demi de latitude sud et au 85ᵉ degré de longitude orientale. Ce fut alors qu'il s'aperçut de la mauvaise qualité du biscuit qu'on lui avait fourni à Brest et où s'étaient engendrés une grande quantité d'insectes. Le 2, il eut à essuyer de fréquents orages. Le 14, la mer fut tellement irritée, que le roulis fit tomber le contre-amiral sur un des angles d'une serinette organisée. La douleur fut si vive qu'en éternuant il perdit connaissance; mais il fut bientôt rétabli. La nuit suivante une vague pénétra dans l'entrepont et inonda plusieurs chambres. Le 21, on aperçut le cap de Diemen; la blessure de d'Entrecasteaux l'empêchait encore de marcher, et un faux renseignement fourni par l'enseigne Willaumez fit mouiller dans la baie des Tempêtes que l'on prit pour celle de l'Aventure. Le 22, les embarcations découvrirent au nord un port parfaitement fermé; et le 23, les deux navires y avaient jeté l'ancre. Ce port reçut le nom de d'Entrecasteaux. Les naturalistes descendirent à terre, recueillirent des plantes et des oiseaux. Au nombre de ces derniers, on remarquait des cygnes noirs ayant à chacune de leurs ailes six grosses plumes blanches. On trouva des arbres qui avaient plus de vingt-cinq pieds de circonférence; quelques-uns, creusés dans toute leur longueur par le feu ou y avaient fait les

sauvages, formaient une espèce de cheminée et n'en
continuaient pas moins à végéter. A l'entrée d'un
bois, on vit un abat-vent construit par les insulaires
pour empêcher leurs feux de s'étendre, quand les
vents soufflent de la haute mer; et, un peu plus loin,
quelques cabanes presque achevées. Le 25, une violente rafale, brisant la chaine qui amarrait la *Recherche*, fit échouer ce navire sur la côte orientale
où il s'enfonça dans la vase. Le 27, les excursions
recommencèrent : on s'enfonça dans de vastes forêts
où l'on rencontra un jeune sauvage qu'une fuite ra-
pide déroba promptement à tous les regards ; on
passa la nuit sous une hutte construite à la hâte, mais
qu'à cause de la rigueur du froid, on fut obligé de
quitter pour dormir près du feu. Le lendemain on
arriva près d'un beau lac qu'on ne put traverser, et
l'on revint au mouillage avec divers objets d'histoire
naturelle. Le 8 mai, un jardin fut bêché et l'on y
ensemença différentes graines d'Europe. Le 12,
dans une de ses courses, le naturaliste Riche découvrit, parmi les cendres d'un feu allumé par les
sauvages, les ossements d'une jeune fille recouverts
de morceaux de chair grillée. Le 14, on vit revenir à bord le maître voilier de la *Recherche*, qui,
parti sans provisions, avait passé un jour et demi
sans nourriture dans les bois où il s'était égaré. Durant cette relâche, on ne vit que fort peu de sauvages. De leurs ustensiles, on ne put se procurer que
des paniers de joncs et des vases à eau faits avec
les feuilles d'arbre. Le 16, on quitta le port d'Entrecasteaux, et on alla mouiller à l'entrée d'un détroit auquel on donna le même nom. On y pénétra le
lendemain. on y jeta l'ancre et l'on y séjourna jus-

qu'au 24. On profita de cette station pour visiter les côtes voisines. Dans l'île qui, au sud-ouest, borde ce canal dans toute sa longueur, on vit une grande quantité de perdrix; un îlot, situé vers le sud, n'abondait pas moins en cailles. Sur la côte qui s'étendait à l'est, deux officiers de la *Recherche* aperçurent quatre sauvages qui entretenaient trois petits feux, et qui, malgré les signes d'amitié qu'on leur fit, abandonnèrent, en s'enfuyant, des homards, des coquillages à demi-grillés, trente paniers de joncs, des vases à eau et plusieurs peaux de kangourou. On ne prit qu'une peau de kangourou, un vase et deux paniers, auxquels on substitua quelques couteaux, plusieurs mouchoirs, du biscuit, du fromage et un pot de terre. Le lendemain, on retrouva à la même place, que les indigènes venaient encore d'abandonner, le fromage, les mouchoirs et un des couteaux. Après avoir fait reconnaître le détroit dans toute son étendue, qui est de huit à neuf lieues environ, on appareilla le 24, et l'on visita trois baies. On s'arrêta le 27 dans la dernière, sur la côte de laquelle on aperçut quelques sauvages qui prirent aussitôt la fuite en abandonnant quatre espèces de radeaux et plusieurs zagaies. Un officier de la *Recherche* rencontra dans les bois six de ces insulaires, qui, rassurés par leur nombre, s'approchèrent de cet Européen, mirent sur leur tête une cravate et un mouchoir qu'il leur donna, acceptèrent également un couteau, mais refusèrent absolument de venir à bord. Une vieille femme, chargée de provisions qu'elle ne voulait pas abandonner, fut atteinte par quelques matelots. Elle reçut volontiers un mouchoir de cou; mais la vue d'un couteau dont on voulait lui faire présent l'effraya si fort, qu'elle se précipita de plus de quarante-cinq pieds de haut, par une pente fort escarpée, et s'enfuit à travers les roches où elle disparut aussitôt. Le 28, on appareilla; et, à midi, l'on sortit du détroit d'Entrecasteaux, dont la découverte était de la plus haute importance pour la géographie et pour la marine. On ne tarda point à doubler le cap Pillard, et l'on se dirigea au nord-est pour aller reconnaître les côtes sud-ouest de la Nouvelle-Calédonie. Le 16 juin, à cinq heures et demie du matin, on entra dans la zone torride par le 165e degré de longitude orientale. Le 20, les vents qui avaient fraîchi et des courants fort rapides faillirent briser la *Recherche* contre une chaîne de récifs; quatre tentatives pour les éviter avaient déjà été inutiles, et l'on s'attendait à un naufrage inévitable, quand de nouveaux efforts obtinrent enfin le plus heureux résultat. Jusqu'au 29, on navigua en vue de la Nouvelle-Calédonie, on y vit quelques habitants et un grand nombre de feux, on observa les écueils qui en hérissent les environs, et l'on reconnut le petit Archipel qui est au nord de cette île, ainsi que la chaîne de récifs qui se prolonge bien au-delà : navigation périlleuse et à laquelle on ne pouvait s'exposer que par le zèle le plus ardent pour les progrès de la marine. La reconnaissance de ces récifs, espèce de murs de corail élevés perpendiculairement du fond des eaux par le travail des polypes, ne fut terminée que le 2 juillet. Le 7, on fut en vue de la terre des Arsacides; le 10, on fit le tour des îles de la Trésorerie et l'on aperçut l'île de Bougainville. Le 13, on faillit se briser contre des bancs de corail et

échouer sur des bas-fonds peu éloignés de ces para
ges. Le 15 , on vit l'île de Bouka , d'où se détachèrent trois pirogues , qui vinrent observer les deux
navires français. On mit à l'eau une planche lestée
avec des couteaux et des clous, et l'on avait attaché
au bout d'un petit bâton fiché vers son milieu un
morceau d'étoffe écarlate en forme de pavillon,
dans l'espoir d'attirer les sauvages. Ils ne s'en pa-
rèrent pourtant de ces objets que lorsqu'ils les virent
à la distance qu'ils ne voulaient point dépasser. La
joie que leur causa le morceau d'étoffe, et quelques
autres bagatelles qu'on leur jeta, les attirèrent près
de la *Recherche*, où les échanges commencèrent.
Un canonnier , étant allé chercher son violon , en
joua différents airs auxquels ces insulaires se montrèrent fort sensibles. Ils cherchèrent à l'acquérir
en offrant une grande quantité de choses ; mais ils
ne purent y réussir parce que c'était le seul qu'on
eût à bord et qu'il servait à faire danser l'équipage.

Du reste, s'ils montrèrent une grande propen-
sion à la gaîté et une extrême facilité à répéter les
mots qu'ils entendaient prononcer, ils ne se piquè-
rent point d'observer bien scrupuleusement leur
parole, et ils eurent souvent recours à la ruse pour
voler nos navigateurs. Quelques embarcations que
la *Recherche* mit en mer pour s'éloigner de la côte
dont les courants l'avaient fort rapprochée mirent
en fuite tous ces sauvages qui craignirent qu'on
ne voulût les punir de leur mauvaise foi. L'*Espérance* commerça également avec eux, et leur
entendit prononcer quelques mots anglais et espagnols. Leur langage habituel ressemblait beaucoup
au Malais.

Le 17, on relâcha au havre Carteret ; delà, on alla visiter l'île des Cocos, à l'extrémité sud-est de laquelle on vit un caïman ; la Nouvelle-Irlande fut aussi explorée. Les pluies qui n'avaient cessé de tomber durant toute cette relâche obligèrent d'en partir dès le 24. Mais le bois qu'on recueillit sur l'île des Cocos remplit les navires de scorpions et de scolopendres, qui furent fort incommodes. L'*Espérance*, au moment de s'éloigner, faillit échouer sur des brisans qu'elle n'évita qu'avec beaucoup de peine. Le 26, on reconnut l'île de Sandwich ; et, le 27, les îles de Portland. Le 28, on se porta d'abord vers la plus méridionale des îles de l'Amirauté, et ensuite vers celle qui en était à l'est-nord-est, pour commencer d'y vérifier les conjectures du commodore Hunter.

Les habitants de cette dernière île accoururent en foule sur le rivage et, par leurs signes, invitèrent les Français à y descendre. On y envoya deux canots que les récifs empêchèrent d'aborder. Alors, un des insulaires, déterminé par les ordres et les coups de bâton qu'un chef lui donna, vint à la nage, vers les canots, et reçut avec joie quelques morceaux d'étoffe rouge, des clous et un couteau. La vue de ces présents amena autour des deux embarcations une multitude de pirogues. Pendant que les sauvages qui les montaient donnaient, pour des haches, des clous et des couteaux, des zagaies, des peignes et des bracelets, les femmes se tenaient à terre sous des cocotiers ; elles avaient pour tout vêtement, un morceau de natte autour de la ceinture. Leurs maris ne tardèrent pas à se signaler par l'adresse et l'audace qu'ils mirent à dérober tout ce qui se trouvait dans les canots. Le défaut de succès ne les décourageait point, et ils réussissaient presque toujours à s'emparer de quelque chose ; les plus âgés étaient les plus hardis voleurs. La retraite des canots priva les Français des cocos que ces insulaires leur envoyaient en quantité.

Le 30, on se dirigea vers une île située au nord de celles de l'Amirauté. On s'en approcha le 31 ; et les naturels vinrent en grand nombre sur la côte. Ils lancèrent à la mer six pirogues, chacune sous les ordres d'un chef qui, du milieu d'une plate-forme où il se tenait debout, commandait la manœuvre. L'un d'eux harangua les Français pour les engager à venir à terre. Ceux-ci l'invitèrent par signes à se rendre à bord. La vue de quelques étoffes rouges fit approcher les insulaires ; mais le son des cloches qu'on agita pour les attirer, leur fit prendre la fuite ; enfin, quelques airs, joués par le ménétrier, les déterminèrent à revenir. Des clous et des couteaux, attachés à une planche qui leur fut envoyée, excitèrent des cris de joie, lorsque le sauvage qui les détacha, les montra aux autres. Alors, ils ne firent point difficulté d'approcher du vaisseau, et les échanges se firent de la meilleure foi du monde. Ceux que la foule écartait avant qu'ils eussent pu remettre le prix des objets qu'ils avaient reçus, faisaient tous leurs efforts pour en rapporter la valeur, et ne prenaient du repos qu'après y avoir réussi. Ils préféraient à toute autre chose, des morceaux de fer, et distinguaient ce métal de manière à ne jamais se méprendre. Ils parurent de la plus grande douceur ; néanmoins les chefs de chaque pirogue exigeaient qu'on leur re-

mit les objets destinés à leurs rameurs, et usaient
par fois de violence pour les en frustrer. La plupart
avaient attaché des coquillages à la partie inférieure
de leurs oreilles, qu'ils avaient percée à cet effet,
et si prodigieusement allongée, qu'elle descendait
plus bas que l'épaule. Plusieurs avaient la cloison
du nez percée d'un trou; ils y avaient passé une
corde aux extrémités de laquelle étaient suspen-
dues des dents canines deux fois plus longues que
celles de l'homme.

Après être resté en panne et avoir fait des
échanges jusqu'à dix heures du matin, d'Entrecasteaux et ses équipages, n'ayant pas plus trouvé dans
cette île que dans la première des uniformes de la
marine française, continuèrent de suivre la côte.
Les pirogues, dont la marche était bien supérieure
à celle des deux vaisseaux, les accompagnèrent
jusqu'à la fin du jour. Une fusée, lancée alors à
bord de la *Recherche*, au lieu de réjouir ces insulaires, comme on le croyait, les mit tous en fuite.
On leur envoya quelques objets de quincaillerie
attachés à une planche surmontée d'une bougie; ils
n'osèrent point s'en approcher; mais, concentrant
toute leur attention sur cette lumière, deux de
leurs chefs se mirent à lui adresser la parole, tandis
que les deux vaisseaux s'éloignaient.

Le 2 août, d'Entrecasteaux aperçut les îles Er-
mites, d'où vinrent à sa rencontre six pirogues
pleines d'insulaires qui reçurent très volontiers les
bouteilles et les morceaux d'étoffes qu'on leur envoya, sans vouloir jamais venir à bord.

Le soir, on commença de distinguer les îles de
'Échiquier. Le 23, on longea de fort près la côte

de la Nouvelle-Guinée, et l'on passa par le détroit de Pitt pour entrer dans les Moluques. Le 27, la *Recherche* fut environnée de vingt-sept baleines qui avaient de dix-huit à vingt pieds de long.

Le 1er septembre, on fut en vue de l'île de Céram. Le 2, au commencement de la nuit, on entra dans le détroit formé par Bonoa et Céram. Le 4, on aperçut une partie de la côte occidentale d'Amboyne, où les vents contraires ne permirent de relâcher que le 6. Le gouverneur de cette île accueillit fort bien les Français et leur permit de se loger dans la ville, autorisation fort utile aux scorbutiques qui se trouvaient en très-grand nombre. A la seconde visite qu'il reçut de d'Entrecasteaux, il lui fit servir, entr'autres rafraîchissements, quelques bouteilles d'eau de Séliz, que les Hollandais d'Amboyne prennent comme une boisson fort agréable et qui leur coûte aussi cher que le meilleur vin de Bordeaux.

Les naturels de cette île construisent leurs maisons de manière à laisser un libre passage à l'air ; ce sont des palissades de tiges de bambou, très rapprochées les unes des autres. Le toit est formé par des feuilles de sagoutier. Ces insulaires couchent sur des espèces de treillages fort durs malgré les nattes qui les recouvrent. Les hommes ont pour tout vêtement un caleçon, ou un morceau de toile bleue qui ne dépasse pas les reins ; les femmes ont une chemise de la même toile, retenue par une ceinture. Ces naturels, quoique subissant avec patience l'oppression des Hollandais, ne laissent pas d'être extrêmement jaloux.

Les Chinois sont presque les seuls étrangers que les Hollandais admettent à Amboyne. Ils sont obligés de s'y faire naturaliser, ce qui ne leur permet plus de retourner en Chine. Ils emploient toutes sortes de moyens pour gagner de l'argent ; aussi leur réputation en souffre-t-elle souvent beaucoup, mais ils ont perdu à cet égard tout espèce de sensibilité.

Le bazar, où l'on vend différents fruits du pays et du poisson frais, est dans le quartier des Chinois. Les marchands ne s'y rendent guère que vers la fin du jour, et ils y restent juqu'à neuf heures du soir.

Après les Arabes, les Maures et les Malais, les Portugais et les Espagnols ont régné sur les Moluques, qui leur ont été enlevées par les Hollandais. Aussi y rencontre-t-on, parmi les naturels, des mahométans qui ont leurs mosquées, des catholiques et des protestants. Ces derniers ont des temples, et les Chinois des pagodes.

Les Hollandais ont conservé pour habillement de cérémonie leurs vêtements d'Europe, mais ils ont tous des vestes à manches, afin de pouvoir se dépouiller de leur habit, lorsque le maître de la maison où ils sont invités les engage à se mettre à l'aise, en leur en donnant lui-même l'exemple. Ceux qui portent perruque la remettent à un de leurs domestiques, et se couvrent alors d'un grand bonnet de toile blanche très-fine.

D'Entrecasteaux profita de sa relâche à Amboyne pour s'y approvisionner. Mais il n'y trouva que fort peu de viandes d'Europe: le bœuf de Hambourg, qu'il y acheta du second gouverneur, ne lui fut d'aucune utilité, car les domestiques de cet officier en avaient enlevé la partie la plus charnue et n'y avaient laissé que les os et les tendons.

4.

Ce fut le 15 octobre que nos deux navires remirent à la voile. Leurs équipages eurent d'autant plus à souffrir de l'infection produite par les cochons et la volaille entassés dans l'entrepont, que cette odeur était encore augmentée par l'extrême chaleur du climat. Le 21, on aperçut la côte septentrionale de l'île de Timor. Le 26, diverses espèces de baleines vinrent en grand nombre environner les deux vaisseaux. A cette époque, la mortalité se mit parmi les animaux, et l'eau commença de se décomposer. Le 7 décembre, l'*Espérance* signala la côte sud-ouest de la Nouvelle-Hollande. On chercha à s'en approcher; et, les jours suivants, on y vit un grand nombre de feux allumés par les sauvages. Le 11, une furieuse tempête surprit la *Recherche* au milieu d'une chaîne de récifs, et peu s'en fallut que ce navire n'y échouât; il ne dut son salut quà l'"habileté du premier pilote Raoúl qui, du haut du grand mât où il était monté, dirigeait la manœuvre. Pendant ce temps, l'*Espérance*, qui était violemment poussée à la côte, y aurait échoué, si l'enseigne Legrand n'eût, au plus fort de la tempête, atteint à l'extrémité du grand mât et n'en fût descendu presque aussitôt, en assignant la position d'un excellent mouillage. On s'y dirigea d'après ses instructions, on y parvint, on y jeta l'ancre, et l'on facilita à la *Recherche* le moyen de s'y venir abriter. Ce dernier navire y réussit le 12. Ce mouillage fut appelé *baie Legrand*. Le 13, on descendit à terre : comme le rebord de la nacelle, où il fallait mettre le pied pour sauter sur le rivage, offrait un plan incliné et que la côte était escarpée, l'aumônier de la *Recherche* tomba à l'eau et faillit devenir ia proie d'un gros requin qui se tenait derrière les embarcations ; il fut sauvé par le patron de la barque. Comme à Amboyne et dans tous les lieux où l'on s'était déjà arrêté, on fit, durant cette relâche, d'abondantes moissons d'objets d'histoire naturelle, et des observations importantes tant pour la géographie que pour l'astronomie. Dans une de ces excursions, le naturaliste Riche s'égara durant cinquante - quatre heures. Toutes les recherches qu'on fit pour le retrouver furent infructueuses, et l'on allait remettre à la voile, quand on le vit revenir exténué de faim et accablé de fatigues.

On leva l'ancre le 19, et l'on continua de reconnaître les côtes de la Nouvelle-Hollande ; mais le manque d'eau fit renoncer à cette entreprise, le 5 janvier 1793, et l'on se dirigea vers le cap Van-Diemen. Le 23, on était arrivé à l'entrée de la baie des Tempêtes ; les vents contraires n'ayant pas permis de donner dans la baie d'Entrecasteaux, comme on se l'était proposé, on prit le parti d'entrer dans la baie des Roches ; la *Recherche* y échoua sur un banc de sable, d'où l'on eut les plus grandes peines à la dégager. L'on commença dès le lendemain à descendre à terre. Dans l'une de ces courses, le naturaliste Labillardière rencontra quarante-deux sauvages, il tendit la main au plus âgé, qui lui donna la sienne avec toutes les marques de la plus cordiale amitié. La confiance ne tarda point à s'établir. Ces insulaires, à qui le naturaliste et ses compagnons distribuèrent une grande partie de leurs effets, se mirent à leur prendre le reste ; mais une simple réclamation suffit pour en obtenir promptement la restitution. Ils étaient presque en-

tièrement nus; quelques femmes seulement avaient
les épaules couvertes d'une peau de kangourou. On
leur fit entendre le bruit des armes à feu ; ils n'en
furent que médiocrement effrayés. Ils montrèrent
à leur tour leur adresse à manier la zagaie, et s'en
acquittèrent à merveille. Après avoir accompagné
les Européens jusqu'à la baie d'Entrecasteaux, où
leur canot les vint chercher, ils refusèrent opiniâ-
trement de se laisser conduire jusqu'aux vaisseaux.

Depuis, on eut avec ces peuples d'assez fréquentes entrevues, et l'on en profita pour étudier
leurs mœurs et leurs usages. Ils ne voulurent manger aucun des aliments que leur offrirent les Français, et ils empêchèrent même leurs enfants de
porter à leur bouche le sucre qu'on leur avait donné ; malgré cette espèce de défiance, une mère
n'hésita point à confier son enfant à plusieurs de
nos marins. Une des jeunes filles fit preuve d'une
extrême loquacité en leur parlant long-temps et
avec une grande volubilité, bien qu'elle dût s'apercevoir qu'on ne la comprenait pas. Quelques autres
chantèrent différents airs qui parurent avoir une
grande analogie avec ceux des Arabes de l'Asie
mineure.

Le 11 février, les navires étant réparés quittèrent
la baie des Roches et se rendirent le lendemain à
celle d'Entrecasteaux. On y trouva un grand nombre de sauvages; les mères s'occupaient à tuer avec
leurs dents et à manger la vermine dont leurs enfants étaient couverts ; elles montraient plus de
coquetterie pour eux que pour elles, et chacune
parait ses enfants de ce qu'on lui avait donné. Quand
l'heure du repas fut arrivée, ces femmes, accompa-

gnées de leurs filles, furent chercher au fond de la mer des coquillages d'une grosseur prodigieuse ; elles restaient sous l'eau deux fois plus long-temps que nos plus habiles plongeurs et ne revenaient que quand leurs paniers étaient remplis ; alors, elles faisaient cuire le produit de leur pêche ; et lorsqu'elles l'avaient distribué à leurs maris et à leurs enfants. elles retournaient au fond de l'eau et en rapportaient de nouvelles provisions. On eut lieu d'admirer leur frugalité qui se contentait des morceaux les moins recherchés, et leur intrépidité qui ne redoutait ni les plantes marines où elles auraient pu s'embarrasser, ni les requins fort nombreux sur ces côtes. Un des hommes de l'équipage montra à ces insulaires un singe et un chevreau ; ils s'amusèrent beaucoup du premier ; quant au second, ils en firent le sujet de leurs entretiens, et lui adressaient la parole en lui disant *mèdi* (reposez-vous).

Le 15 février, la *Recherche* et l'*Espérance* firent voile pour le détroit d'Entrecasteaux , où elles échouèrent sur un bas-fond , dont elles se dégagèrent sans aucun fâcheux résultat. La contrariété des vents obligea de jeter l'ancre. On employa le temps de cette relâche à explorer les côtes voisines. On y trouva des sauvages qui montrèrent une grande joie à la vue des Français, et qui parurent avoir une grande analogie avec les insulaires de la baie des Roches et de la baie d'Entrecasteaux. Les vents étant devenus favorables, on mit à la voile le 22, et l'on arriva le 24 à la baie de l'Aventure. où l'on fit de l'eau. On en repartit le premier mars. Le 13, on prit connaissance de la Nouvelle-Zélande. Quelques habitants de cette île s'approchèrent en pirogue de nos deux vaisseaux et échangèrent plusieurs de leurs productions pour du fer et différents autres objets. Ces peuples sont anthropophages et ne s'effraient nullement du bruit des armes à feu. De là, on continua de naviguer vers les îles des Amis. Le 19 mars, on découvrit une île qui avait cinq lieues et demie de tour ; on lui donna le nom de la Recherche. Le 23, on entra dans la zone torride. Le 24, on aperçut Eoa, l'une des îles des Amis et, le 25, on mouilla dans la rade d'une autre de ces îles, nommée Tongatabou. On y reçut la visite de Finau, chef des guerriers, qui donna à d'Entrecasteaux deux très-belles massues incrustées de plaques d'os et un cochon fort gros. Il accepta avec reconnaissance une hache et un grand morceau d'étoffe rouge que lui offrit l'amiral français. Une multitude d'insulaires s'étaient rendus en même temps à bord de la *Recherche*; ils y avaient apporté beaucoup de provisions et, pendant les échanges, avaient dérobé un grand nombre d'objets. On pria Finau d'éloigner ces hôtes dangereux ; ce chef en fit disparaître la plupart en les poursuivant à coups de massue et partit ensuite. Le 26, comme les naturels avaient procuré une quantité considérable de porcs, on résolut de renouveler les salaisons; le chirurgien Renard promit de surveiller ce travail, qu'on exécuta dans l'île de Pangaïmotou. A cet effet, une enceinte y fut tracée avec une corde attachée à l'extrémité de piquets fichés en terre de distance en distance. Fatafé, un des fils du feu roi Poulao, y maintint le bon ordre en lançant aux naturels qui s'avançaient trop tout ce qui se trouvait sous sa main. Ce fut aussi là que se firent les échanges qui

avaient pour but d'approvisionner les deux navires.
On y avait placé deux factionnaires pour en écarter
les sauvages qui, s'étant déjà signalés en une infi-
nité de rencontres par leur penchant au vol, auraient
bien pu se glisser dans cette enceinte pour en dérober les objets qu'on y avait déposés. Mais il arriva
qu'une nuit, un insulaire, s'étant glissé derrière
un de ces soldats, lui asséna un coup de massue sur
la tête et lui enleva son fusil. L'alarme fut aussitôt
jetée parmi ceux des Français qui dormaient non
loin de là et qui coururent vers la mer. Le lendemain, d'Entrecasteaux fit rembarquer tout ce qu'on
avait porté à terre ainsi que toutes les provisions ;
et, pour recommencer les échanges, il exigea qu'on
lui livrât l'assassin et qu'on lui rendît le fusil. Finau, qui vint à bord, promit de le satisfaire, reçut
une hache et des ciseaux de menuisier, et donna
au soldat blessé une pièce d'étoffe fabriquée avec
l'écorce du mûrier pour qu'il s'en servît dans les
pansements de sa plaie ; cette étoffe est effectivement très-propre à un pareil usage.

Le 29 mars, le chef suprême Toubau, escorté de
beaucoup d'autres chefs, vint à bord de la *Recherche* visiter l'amiral français et il lui livra l'assassin,
à qui l'on avait lié les mains derrière le dos, ainsi
que le fusil et la bayonnette enlevés à la sentinelle.
Deux pièces d'étoffe de mûrier, assez vastes pour
couvrir chacune le navire, deux cochons et plusieurs grandes nattes furent les présents offerts par
ce monarque à d'Entrecasteaux, qui lui fit don
d'une grande massue et d'un habit rouge. Cependant, ce ne fut pas sans peine qu'on réussit à dérober l'assassin aux coups de Finau, qui paraissait

fort disposé à remplir à son égard les fonctions de
bourreau. Le factionnaire que ce malheureux avait
blessé ayant demandé sa grâce, on le transporta à
bord de *l'Espérance*. D'Entrecasteaux invita Toubau à dîner ; ce prince goûta de tous les mets, en
rejeta la plupart, mangea fort peu de ceux dont il
parut s'accommoder, à l'exception du sucre, et
passa tout le temps du repas à jouer d'une serinette
que d'**Entrecasteaux** lui avait donnée. Ces peuples
se font la barbe avec des coquillages et emploient
beaucoup de temps à cette opération. Le barbier
rasa plusieurs marins en présence de Toubau, le
charma par sa promptitude et eut l'honneur de lui
faire la barbe. Ce monarque, ayant pris congé des
Français, débarqua dans l'île de Pangaïmotou, se
fit apporter des ignames, un fruit à pain, du porc
et des bananes, et mangea ces provisions avec un
très-grand appétit. Le lendemain, les échanges recommencèrent. Finau vint inviter le chef et l'état-
major des deux navires à se rendre à une fête que
Toubau devait leur donner le surlendemain dans
l'île de Tongatabou. La reine Tiné ne tarda pas à
venir à bord de *la Recherche*, où elle dîna. De tout
ce qu'on lui servit, elle préféra des bananes con-
fites au sucre, et épargna au maître-d'hôtel la peine
de la desservir en gardant pour elle l'assiette et la
serviette qu'on lui avait données. Tous les chefs
présents s'agenouillèrent devant elle et mirent avec
respect un de ses pieds sur leur tête.

Quand fut arrivé le jour de la fête, d'Entrecasteaux et ses officiers se rendirent à Tongatabou
Finau vint au-devant d'eux et les conduisit au milieu d'un grand concours d'insulaires, réunis sous

la présidence d'un chef nommé Omalaï. Ce chef, après avoir fait reposer nos marins, les guida vers une esplanade abritée par une voûte formant un demi-ovale, et soutenue par dix piliers. La terre était recouverte de fort belles nattes. Le roi Toubau ne tarda point à y venir avec deux de ses filles, qui avaient répandu sur leurs cheveux une grande quantité d'huile de cocos. Il fit asseoir d'Entrecasteaux à sa gauche et reçut avec des transports de joie les présents de cet amiral. Treize musiciens se mirent alors à chanter en frappant sur des espèces de tambours et en s'accompagnant de gestes assez gracieux. Malgré cette mélodie et la présence des Français, le roi s'endormit et ronfla même très-haut. La fête étant terminée, il donna à l'amiral plusieurs grandes pièces d'étoffe de mûrier et une grande quantité de petits poissons à demi-pourris. Omalaï et Finau accompagnèrent nos marins jusqu'au lieu de l'embarcation. où ils leur firent servir un cochon entier nouvellement cuit, des ignames et du fruit à pain.

Peu de temps après, la reine Tiné donna à son tour une fête à d'Entrecasteaux, mais le malheur voulut que quelques événements tragiques en ensanglantassent la fin. Pendant que les Français prenaient des rafraîchissements que la reine leur avait fait servir, un insulaire arracha à l'un des marins le couteau dont il se servait. On se mit aussitôt à la poursuite du voleur qui s'était enfui ; mais, arrivé à Tongatabou, l'on craignit d'être assailli par les naturels, et l'on battit en retraite. Seul, le forgeron de *la Recherche*, ne veut point rétrograder ; bientôt il est attaqué par les sauvages ; il les conlent d'abord avec un mauvais pistolet, mais il finit par être renversé d'un coup de massue. Alors, les insulaires se précipitent sur lui et ne cessent de le frapper que lorsqu'ils croient lui avoir arraché la vie. Nos marins volent sur-le-champ au secours de leur malheureux compagnon. Protégés par quelques coups de canon tirés des vaisseaux, ils le relèvent, le trouvent encore vivant et le ramènent à bord. Cet attentat fut suivi d'un trouble inexprimable et de divers attaques où un chef des sauvages fut tué. Cependant, l'ordre se rétablit, l'on remit en liberté un fils du roi Toubau et un chef nommé Titifa, qu'on avait arrêtés pour servir d'ôtages. On recommença de faire des échanges, et l'on reçut encore la visite de Finau et de la reine Tiné.

Le 11 avril, on mit à la voile et l'on donna dans une passe découverte, au nord du mouillage, par l'enseigne Legrand. Six jours après, on vit l'île de Tanna et les colonnes de fumée qui sortaient de son volcan. Le 19, on aperçut les hautes montagnes de la Nouvelle-Calédonie, près de laquelle on mouilla le 23 avril. Plus de sept cents insulaires se rendirent autour de nos deux vaisseaux ; et, pendant qu'ils échangeaient divers objets, ils en dérobèrent beaucoup d'autres. Un de ces sauvages rongeait un os qu'il offrit au peintre Piron. Celui-ci l'accepta sans balancer et reconnut bientôt que cet os avait fait partie d'un enfant de quinze ans. Les sauvages en convinrent et donnèrent à entendre que c'était pour eux un mets très friand. Ici, comme à Pangaïmotou, l'amour du pillage troubla la bonne harmonie qui d'abord avait commencé de régner entre les Français et les indigènes.

Le maître canonnier de l'*Espérance*, en chassant dans les bois, distingua plusieurs de ces sauvages qui s'exerçaient à lancer la zagaie, et il vint aussitôt en rendre compte à l'un des officiers de là *Recherche*. Celui-ci partit avec quatre fusiliers pour observer leurs mouvements; mais il fut découvert et poursuivi par eux jusqu'à l'endroit où les bûcherons des deux vaisseaux prenaient leur repas. Les insulaires voulurent même profiter de ce moment pour enlever les haches des ouvriers à un matelot qui, d'après l'ordre de l'officier, s'était saisi de ces instruments. Il fallut tirer sur ces sauvages pour les contraindre à renoncer à leur dessein et à se retirer dans les forêts. Quelques pierres qu'avec des frondes ils lancèrent de là sur les Français ne leur firent heureusement aucun mal, et deux coups de canon, partis de la *Recherche*, achevèrent de disperser d'aussi faibles ennemis. Bientôt arriva un des chefs de ces naturels, tenant à la main un morceau d'étoffe blanche faite d'écorce de mûrier. L'officier commandant en accepta le don, comme un gage de la bonne intelligence qui, désormais, ne devait plus être troublée. Elle se rétablit effectivement, mais pas assez toutefois pour que les sauvages n'essayassent pas de s'emparer des embarcations de nos marins; la honte d'avoir échoué fut le seul résultat de leurs tentatives.

Le 8 mai, mourut le capitaine Huon Kermadec, commandant de l'*Espérance*. Cet habile et courageux marin laissa une mémoire regrettée; et, selon ses désirs, il fut inhumé pendant la nuit dans le milieu de l'île de Pudyona. Il eut pour successeur le lieutenant D'Auribeau. Dans l'une des nombreuses excursions que les naturalistes français firent à la Nouvelle-Calédonie, ils rencontrèrent plusieurs des naturels de ce pays, qui mangaient des araignées. Dans une autre de ces courses, ils virent des sauvages tenter d'enlever aux pêcheurs des deux équipages leurs filets et le poisson qui s'y trouvait, et ne se désister de leur entreprise que lorsque deux des leurs eurent été dangereusement blessés d'un coup de feu.

D'Entrecasteaux, s'étant assuré que la Pérouse ne s'était point montré dans ces parages, remit à la voile le 11 mai. Le 14, il découvrit l'île de Moulin et les îles Huon, sur lesquelles ses vaisseaux faillirent se briser. Le 21 mai, on reconnut l'île de Sainte-Croix. Les jours suivants, on en vit venir quelques pirogues qui s'approchèrent de nos vaisseaux, et les échanges commencèrent entre les Français et les naturels. Mais ceux-ci firent bientôt preuve de mauvaise foi en s'appropriant gratuitement les objets qu'ils avaient d'abord voulu acheter. Ils poussèrent même la hardiesse jusqu'à tirer une flèche sur un homme du canot de l'*Espérance*. Deux coups, l'un de fusil, l'autre d'espingole, les eurent bientôt mis en fuite. On reconnut ces parages jusqu'au 25 mai; le 26, on fit voile vers les terres des Arsacides. Le 28 et les jours suivants, on s'en approcha beaucoup, et l'on eût avec les naturels un grand nombre d'entrevues qui n'aboutirent qu'à manifester leur perfidie, car une de leurs pirogues ayant passé la nuit près de l'*Espérance* en fit le tour au lever du soleil, et lança sur l'équipage une bordée de flèches, qui ne firent heureusement que fort peu de mal. On riposta par

quélques coups de fusil, qui ne blessèrent personne.
Le 31 mai, on reconnut l'île des Contrariétés.
Après être sorti de cet Archipel, qui, selon toute
probabilité est celui de Salomon, on se dirigea vers
les côtes septentrionales de la Louisiade, que l'on
aperçut le 13 juin. On fut bientôt forcé de s'engager
au milieu de terres basses. sur une mer hérissée
d'écueils, et à travers des courants fort dangereux
Quelques pirogues pleines de sauvages s'approchèrent de nos deux vaisseaux et commercèrent avec
eux ; mais l'une d'elles attaqua à l'improviste l'é-
quipage de *l'Espérance*, qui la repoussa aisément
à coups de fusil. Cet incident n'empêcha pas les
échanges de recommencer le lendemain. Ces peuples parurent être anthropophages. De tous les insulaires qu'avait vus jusqu'alors d'Entrecasteaux, ils
étaient les premiers qui se servissent de boucliers.

Après avoir suivi vers le nord-ouest les côtes de
la Nouvelle-Guinée, on aperçut la côte occidentale
de la Nouvelle-Bretagne, et l'on fit voile vers le
détroit de Dampier. Durant ce trajet nos deux vaisseaux furent au moment de se briser sur des bas-
fonds. Echappés à ce malheur par l'habileté de
l'enseigne Gicquel, ils franchirent ce détroit, reconnurent la côte septentrionale de la Nouvelle-Bretagne et virent successivement les îles de Portland,
de l'Amirauté et des Anachorètes. Bientôt après,
d'Entrecasteaux, succombant à de cruelles coli-
ques, mourut, le 22 juillet, à l'âge de cinquante-
quatre ans.

La mort de cet amiral fut le terme de cette expédition. Les deux vaisseaux qu'il avait commandés
arrivèrent, le 17 du mois d'août, à l'île de Way-

giou; ils en repartirent le 29, mouillèrent le 5 septembre à Bourou, remirent à la voile le 17, et débarquèrent le 29 octobre à Sourabaya, établissement hollandais dans l'île de Java. Ce fut en ce lieu que, la situation politique de la France ayant été connue de ceux qui composaient les deux équipages, les uns embrassèrent la cause des princes francais alors proscrits et fugitfs dans des climats étrangers; les autres, après avoir été quelque temps prisonniers de guerre, obtinrent leur liberté, et repassèrent dans leur patrie.

Telle fut la fin d'une entreprise qui, si elle ne réussit point à jeter des lumières sur le sort éprouvé par la Pérouse, eut au moins pour résultat de reconnaître la partie occidentale de la Nouvelle-Calédonie, la côte occidentale de l'île Bougainville, la partie méridionale de la terre Diemen, et près de trois cent vingt lieues de côtes au sud-ouest de la Nouvelle-Hollande; qu'on ajoute à ce succès, celui qu'obtinrent les travaux des naturalistes, des géographes et de tous les marins qui ont concouru à cette expédition, et l'on conviendra qu'elle doit éterniser la mémoire de l'habile et courageux amiral qui, en s'y consacrant tout entier, fit preuve d'un dévoûment à sa patrie et d'une abnégation de tout intérêt personnel, trop confirmés l'un et l'autre par un précoce et douloureux trépas.

BELLE ET AUDACIEUSE ENTREPRISE DE QUELQUES MARINS FRANÇAIS.

Un des bâtiments qui, en 1796, suivaient aux Indes-Orientales le contre-amiral de Sercey, fut séparé des autres par un coup de vent qui lui fit perdre son petit mât de hune et son grand mât de perroquet. Ainsi maltraité et demeuré seul, ce bâtiment fut rencontré par un vaisseau ennemi qui lui était supérieur en force et qui, après l'avoir capturé, l'envoya à Portsmouth.

Parmi les Français faits prisonniers dans cette circonstance, il s'en trouvait deux, Sélis et Thierry, l'un chef de timonerie et l'autre pilote côtier, qui, placés à Pétersfield, y reçurent, durant sept mois, les traitements les plus rigoureux. Brûlant de se soustraire à une pareille tyrannie, ils se rendirent de nuit à la côte, et y cherchèrent une barque sur laquelle ils pussent s'embarquer et repasser en France. Mais, arrêtés avant d'avoir réalisé leur dessein, ils furent conduits d'abord dans les prisons de Portsmouth, et bientôt après au dépôt des condamnés qu'on devait déporter à Botany-Bay. Cette détermination, que n'autorisait aucun jugement préalable, révolta nos braves marins; ils s'échappèrent de nouveau avec six autres Français, afin de mettre à exécution leur premier projet.

Cette nouvelle tentative n'eut pas une meilleure issue que celle dont on avait résolu de les punir; et, saisis par les gardes-côtes, ils furent déposés dans un vieux bâtiment où étaient réunis ceux qu'on avait condamnés à peupler Botany-Bay. Ce fut là que, huit mois entiers, ils eurent à souffrir les rigueurs de la saison, une affreuse disette et la barharie de leurs geôliers.

Le 28 mars 1797, on les embarqua sur le navire qui devait les conduire à leur triste destination; il nommait *Lady-Shore*, appartenant à la compagnie des Indes, portait cinq cents tonneaux, était armé de vingt-deux canons; avait à bord cent dix-neuf prisonniers, vingt-six hommes d'équipage, et cinquante-huit soldats de garnison. La seule ressource qui restât à nos marins pour briser leurs fers, était de s'emparer du bâtiment. Aussi en formèrent-ils le dessein. Mais comment le faire réussir, n'étant que huit pour l'exécuter et devant compter sur la résistance d'une garnison et d'un équipage si nombreux? Voilà ce qui aurait arrêté des cœurs moins intrépides; les leurs ne s'en occupent que pour y remédier. Il s'agissait d'abord d'augmenter leurs forces; ils y parviennent en s'adjoignant quatre de leurs compagnons d'infortune, dont trois Allemands et un Espagnol. Ils forment ensuite leur plan d'attaque, conviennent du moment, distribuent à chacun leurs fonctions.

Le 1er août, à deux heures du matin, le navire se trouvant par le 19e parallèle sud et le 36e méridien occidental, nos marins se rendent furtivement, et l'un après l'autre, dans le panneau de la force armée; ils prennent les armes des soldats endormis; et, au cri de *vive la France*, ils s'élancent chacun au poste qui lui est assigné : un sur le panneau où couchent les femmes, deux au panneau des soldats, deux autres sur les passavents pour faire feu sur quiconque s'y trouverait et refuserait de se rendre; deux courent au panneau de derrière où reposent les officiers; deux se transportent chez le capitaine et le somment de rendre son bâtiment et sa personne; deux tiennent en échec les trois officiers de service et leur imposent silence; enfin, le dernier force une caisse de munitions, en distribue à ses frères d'armes, et veille à ce qu'ils ne soient pas surpris.

L'officier de quart les voyant courir en armes sur tous les points du vaisseau, atteint mortellement d'un coup de pistolet l'un d'entr'eux ; mais il est lui-même massacré. Le capitaine, dédaignant les deux adversaires qui se présentent à lui, veut résister, reçoit trois coups de bayonnette ; et, tombant du pont dans l'entrepont, il s'écrie : *Rendez le bâtiment aux Français !* » « *Rendez le bâtiment aux Français !* » répète à son tour le commandant de la troupe, épouvanté des menaces qui lui sont faites. Cependant, les soldats ont pris les armes et vont s'élancer hors de leur panneau. Un Français y jette un baril de salaisons, qui tombe sur un caporal ; le caporal pousse un si grand cri, que les soldats, effrayés et ne sachant pas à combien d'ennemis ils ont affaire, se déclarent aussitôt prisonniers.

Devenus ainsi maîtres de tous les postes, les Français ferment tous les panneaux, désarment les vaincus, nomment Sélis capitaine, et Thierry lieutenant de la prise. Les deux nouveaux officiers publient, pour leur sûreté et pour celle de leurs compagnons, un réglement qui est rédigé en français, traduit en langue anglaise, publié et affiché. Enfin les chefs des prisonniers sont contraints de signer un certificat dans les formes établies par les lois de la guerre.

Après ces premières précautions, les vainqueurs, appréhendant de ne pouvoir toujours contenir la multitude d'Anglais qui encombrent le vaisseau, en débarquent vingt-neuf sur les côtes du Brésil, leur donnent tous les vivres et tous les instruments de marine dont ils ont besoin pour se nourrir et se diriger, et exigent d'eux, par écrit, le serment de ne point servir durant une année contre la France et ses alliés. Quant à la plupart des matelots anglais, la promesse d'une récompense les engagea à seconder, dans la manœuvre du bâtiment, Sélis et ses compagnons, qui n'étaient pas assez nombreux pour s'en acquitter seuls.

Dirigé vers Monte-Video, le navire y arriva le 31 août; il y jeta l'ancre, arbora le pavillon français, salua de onze coups de canon le vaisseau commandant de la rade, et adressa à la place un salut de quinze coups. Mais, bien que la France et l'Espagne fussent alors alliées, le gouverneur de la province contesta à nos marins la validité de leur prise; ceux-ci portèrent leurs plaintes au vice-roi; et, en attendant sa réponse, ils firent parvenir leurs réclamations au vice-amiral Truguet, ambassadeur de France à Madrid. D'après les démarches que cet illustre officier fit en leur faveur, le gouvernement espagnol ordonna que Sélis, Thierry et leurs compagnons disposeraient à leur gré du bâtiment anglais et de tout ce qu'il contenait; que leurs prisonniers seraient considérés comme appartenant à la France et qu'elle seule aurait le droit de les échanger.

BATAILLE DE NAVARIN.

Par le traité qu'elles venaient de conclure à Londres, le 6 juillet 1827, la France, l'Angleterre et la Russie avaient résolu de mettre un terme à la guerre qui, allumée depuis quatre ans entre la

Turquie et la Grèce, servait de prétexte aux pirates de cette dernière nation pour troubler le commerce des trois hautes puissances, et lui causer de graves préjudices. Toutefois l'obstination des Turcs à ne vouloir entendre à aucun accommodement rendait ce traité illusoire; il s'agissait donc de le faire exécuter, et ce fut dans cette vue que les amiraux de Rigny et Codrington, commandant les forces navales françaises et britanniques dans la Méditerranée, écrivirent le 22 septembre de la même année à Ibrahim-Pacha, aux ordres duquel se trouvait l'armée turco-égyptienne qui combattait contre les Grecs. Ce prince, dans des conférences tenues le 25 du même mois avec les deux amiraux, consentit à une suspension d'armes qui fut violée le lendemain. Les jours suivants, rien ne fit présager de meilleures dispositions dans le prince égyptien, et l'armistice de fait entre les Turcs et les Grecs semblait plus éloigné que jamais. Pour en accélérer la conclusion, les amiraux de Rigny et Codrington se réunirent le 18 octobre près de Zante, à l'amiral Heyden, qui était à la tête de l'escadre russe, et il fut convenu entre ces trois généraux que le seul moyen d'atteindre au but spécifié dans la convention du 6 juillet précédent, était d'aller avec leurs escadres prendre position dans la baie de Navarin, afin d'y renouveler à Ibrahim des propositions qui s'accordassent avec les résolutions des trois puissances. Dès lors, aux termes des instructions, le plus ancien des amiraux devant prendre le commandement supérieur, le vice-amiral Codrington arrêta les dispositions nécessaires.

Dans l'ordre du jour que l'amiral de Rigny donna

le 19 aux marins et aux troupes de son escadre, il était dit que « les vaisseaux du roi ne feraient feu sur les Turcs qu'autant que ceux-ci tireraient sur le pavillon de S. M. ou sur celui de ses alliés.

Le 20 à midi, le vent se trouvant favorable, les signaux de préparation furent faits, et chacun prit son poste : en tête, le vaisseau amiral anglais, l'*Asia*, suivi de l'*Albion*, du *Génoa* et de la frégate le *Darmouth*; immédiatement après se plaça l'escadre française, ayant en tête la *Syrène*, sur laquelle était le pavillon de l'amiral de Rigny ; le *Scipion* suivait ; puis venaient le *Breslaw*, le *Trident* et la frégate l'*Armide*, ayant sur les ailes les goëlettes l'*Alcyone* et la *Daphné*. Les Russes, avec quatre vaisseaux et quatre frégates, composaient l'arrière garde.

Les Turcs avaient formé une ligne d'embossage en fer à cheval, sur le contour de la baie, en triple ligne, offrant un total de trois vaisseaux de hautbord, un vaisseau rasé, seize frégates, vingt-sept grandes corvettes, et autant de bricks. La force principale se trouvait réunie vers la droite en entrant ; elle était composée de quatre grandes frégates, de trois vaisseaux de ligne puis des frégates de divers rangs achevaient le contour, et étaient renforcées en deuxième ligne par les corvettes et les bricks. Six brûlots étaient placés aux extrémités du fer à cheval, pour être à même de venir se jeter sur les escadres alliées, au vent desquelles ils se trouvaient naturellement postés.

Les six bâtiments qui formaient la tête de l'escadre combinée, l'*Asia*, le *Génoa*, l'*Albion*, le *Dar-*

mor.th, la *Syrène* et le *Scipion*, passèrent à portée
de pistolet des batteries de Navarin, sans être mo-
lestés. A deux heures et demie, l'*Asia* mouillait par
le travers du vaisseau amiral turc. Cinq minutes
auparavant, le capitaine Robert, par un mouvement de contre-marche dont la hardiesse et la précision furent admirées, avait mouillé la *Syrène*
à portée du pistolet de la première frégate de la ligne turque, et dans un vide que laissaient entre
elles trois frégates de cette nation. Le *Trident* se
mit à bas-bord, appuyant la *Syrène* ; le *Scipion* em-
bossé à l'entrée du port, présenta le travers à deux
frégates et à trois brûlots mouillés sur son flanc
gauche, et il resta en outre sous le feu des batteries de Navarin. Le *Breslaw*, ne pouvant être uti-
lement occupé en arrière de cette ligne, se mit entre le vaisseau amiral russe et de fortes frégates
turques qui l'auraient pris en enfilade. L'*Armide*
se tint sous voile pour se porter partout où il y aurait d'utiles secours à donner ou d'honorables dangers à courir. En même temps, la frégate le *Darmouth*, détachée de l'avant-garde pour dire aux
brûlots turcs de s'éloigner du mouillage occupé
par les escadres alliées, jeta l'ancre près des bâtiments, et leur expédia un canot pour leur porter
ce message. Soudain, un coup de fusil partit de l'un
des brûlots, et tua l'aspirant à qui le capitaine anglais avait confié le commandement de cette embarcation. Une vive fusillade s'ensuivit entre le
Darmouth et le brûlot qui avait tiré. La *Syrène*
était alors si voisine de ce dernier bâtiment qu'elle
aurait pu le brûler s'il n'y avait eu du danger pour
le canot anglais. L'amiral de Rigny., qui la mon-

lait, se contenta de héler au porte-voix la frégate égyptienne l'*Esmina*, avec laquelle il était vergue à vergue, et l'avertit que, si elle ne tirait pas, il ne tirerait pas non plus. Sur ces entrefaites, un canot expédié en parlementaire par l'amiral Codrington au vaisseau amiral turc, eut son pilote tué d'un coup de fusil parti de ce navire; et, dans le même moment, deux coups de canon furent tirés de l'un des bâtiments turcs qui étaient dans la poupe de la *Syrène* sur laquelle un homme fut tué. Le vaisseau français riposta par une bordée de tribord, et sur-le-champ le combat devint général sur toute la ligne, c'est-à-dire dans tout le pourtour de la baie. Rien ne saurait égaler l'horrible beauté du spectacle que cette baie offrit tout à coup, tant par le feu terrible que, dans un bassin aussi resserré, cent cinquante navires de guerre faisaient les uns sur les autres, que par les incendies et les explosions qui en furent bientôt la suite.

A peine les premières volées avaient-elles été lancées aux cris de *vive le Roi*! que la *Syrène* se trouva enveloppée par le feu des frégates ennemies, et eut à lutter pendant plus d'une heure contre des forces plus que triples des siennes. Mais, tant d'activité présida au service de ses batteries, qu'elle obtint bientôt le succès le plus éclatant. Toutefois, comme elle combattait bord à bord, à une portée de pistolet, sa mâture et son gréement furent hachés de telle sorte que, lorsque la frégate égyptienne à deux batteries qu'elle avait par son travers, fut incendiée et sauta, l'ébranlement causé par l'explosion suffit pour faire tomber successivement le grand mât et le mât d'artimon de la *Syrène*; et, dans le

même instant, elle fut couverte de débris enflam-
més qui la mirent dans un grand péril. Elle s'y déroba avec le secours du *Trident*, qui, commandé
par le capitaine Maurice, lui donna la plus com-
plète assistance ; et, plus tard, elle dut à la frégate
anglaise le *Darmouth* le bonheur d'éviter un brûlot
qui était sur le point de tomber sur elle. Cependant, les corvettes et les bricks anglais attaquaient
les brûlots et étaient vaillamment soutenus par les
goëléttes françaises l'*Alcyone* et la *Daphné*. A
l'extrémité gauche du fer à cheval, la frégate française l'*Armide* et la frégate anglaise le *Talbot*
supportèrent bravement le feu de cinq frégates
turques, jusqu'à l'arrivée des frégates russes. Les
navires de cette nation eurent dès le commencement
à essuyer le feu des batteries des forts, et ils reçurent
d'importants secours du vaisseau français le *Breslaw*,
commandé par M. de la Bretonnière. Ce brave capitaine, qui dans cette journée fut blessé aux deux
jambes par un éclat de bombe, combattit tantôt à
la voile, tantôt à l'ancre, et prêta une aide puis-
sante au vaisseau russe l'*Azoff*, que les ennemis
avaient fort maltraité par des feux d'enfilade. De
son côté, le vaisseau français le *Scipion* s'illustrait
par des prodiges de valeur. Il combattait à la fois
les frégates embossées et la citadelle, qui faisait
pleuvoir sur lui une grêle de boulets de vint-quatre
et de quarante-huit. Au milieu de l'action, tandis
qu'il faisait feu des deux bords, les Turcs lui lancèrent un de leurs brûlots tout emflammé. Dirigée
par des hommes aussi habiles qu'intrépides, cette
machine infernale parvint à se coller contre la joue
de bas-bord du *Scipion*, et elle se glissa insensi-

blement sous le beaupré, entre la civadière et le bos-
soir du vent. Le vaisseau français faisait de vains
efforts pour repousser au large le brûlot : les focs,
le beaupré, et les cordages des mâts de l'avant devenaient la proie des flammes, qui, poussées vers
l'arrière par une brise assez fraîche de la partie du
sud, s'introduisirent par les batteries de trente-six,
par les écubiers et par les sabords. Plusieurs ga-
biers se précipitèrent dans le feu pour l'éteindre ;
des canonniers furent brûlés à leurs pièces ; d'autres
furent grièvement blessés par l'explosion des gar-
gousses qui s'enflammaient entre leurs mains. Trois
fois le feu prit dans différentes parties du navire, et
les braves canonniers ne discontinuèrent point de
riposter aux bâtiments turcs et à la citadelle, qui
tiraient sur eux à les couler bas. Dans cette position
critique, le capitaine Milius, commandant le *Scipion*, fit filer le câble en fer sur lequel il était
mouillé ; et, au risque de sauter en l'air avec le
brûlot, il appareilla la misaine et le petit hunier,
pour arriver vent arrière et éloigner ainsi les flammes
qui gagnaient la soute aux poudres de l'avant. Le
maître canonnier, voyant ce péril, vint alors deman-
der s'il fallait inonder les poudres ; la réponse de
l'intrépide Milius fut négative; il l'accompagna du
cri de *vive le Roi!* et ce cri fut répété par tout l'é-
quipage avec le plus vif enthousiasme. Ce n'était
plus des hommes, mais des lions qui combattaient,
et le feu de leurs canons n'avait jamais été si bien
nourri. Parvenu enfin à écarter le brûlot et à le couler bas, le *Scipion* en reçut l'équipage sur son
bord, et il prit une position qui lui permit de fou-
droyer plusieurs vaisseaux ennemis. A cinq heures

du soir, il s'embossa de nouveau sous les batteries de la forteresse, dont il fit taire les feux en moins de trente-cinq minutes. A cinq heures et demie, la flotte turque avait cessé d'exister.

Tel fut le résultat de l'une des plus glorieuses batailles qu'ait livrées notre marine. Quel que soit le point de vue politique sous lequel ce fait d'armes soit envisagé, et nous nous abstiendrons de toute discussion à cet égard, on ne pourra cependant s'empêcher de convenir que nos équipages et leurs officiers s'y sont acquis des droits éternels à l'estime des étrangers, à la reconnaissance de leur patrie, à la bienveillance de leur souverain.

HÉROÏQUE DÉVOUEMENT DE L'ENSEIGNE BISSON.

La corvette la *Lamproie* chassa et prit sur les côtes de la Syrie un brick pirate grec qui portait soixante-six hommes d'équipage. Elle le conduisit d'abord à Alexandrie, où il fut reconnu par des bâtiments marchands qu'il avait pillés, les uns à Scarpento, les autres sur les côtes de Caramanie. La frégate la *Magicienne*, partant d'Alexandrie pour aller à Smyrne rallier l'escadre de l'amiral de Rigny, prit à bord l'équipage du corsaire, moins six hommes qu'on y laissa, et elle y plaça quinze de ses marins sous le commandement de l'enseigne Bisson, auquel on adjoignit le pilote Trémintin. Après ces dispositions, la *Magicienne* se mit en route, et rentra dans l'Archipel, naviguant de conserve avec le *Panaïoty*, ainsi se nommait le brick capturé. Dans la nuit du 4 au 5 novembre, un coup de vent sépara les deux navires, le mauvais temps survint et contraignit le *Panaïoty* à chercher un

asile dans l'île de Stampalie. A deux heures moins
un quart du matin, deux Grecs restés à bord se
jetèrent à la mer et gagnèrent la côte. Cet évène-
ment détermina Bisson à se tenir sur ses gardes.
Ayant long-temps croisé dans ces parages, il n'igno-
rait pas que toutes les îles de l'Archipel fourmillent
de pirates, qui maîtrisent quelques pauvres hameaux
dont les habitants n'osent les dénoncer à cause de
la solidarité et de l'organisation que ces bandits ont
établie entr'eux. Notre brave enseigne se détermine
donc à une défense vigoureuse. Comme la mer
continuait toujours à être fort orageuse, le 5 à
huit heures du matin, il mouilla dans une petite
baie, située dans le nord-ouest, à trois milles de
la ville de Stampalie. Dans la journée, il fit charger
ses quatre canons et tous les fusils ; il veilla à ce
que tous les sabres fussent portés sur le tillac ; il
exhorta son équipage et lui fit promettre de se défendre jusqu'à la dernière extrémité. À six heures
du soir, en se retirant pour aller se reposer, il dit
au pilote Trémintin : « Pilote, si nous sommes at-
« taqués par les pirates et qu'ils réussissent à s'em-
« parer de ce bâtiment, jurez-moi de mettre le
« feu aux poudres, si vous me survivez. » Trémintin le lui assure et ils se séparent.

A dix heures du soir, deux grands misticks,
chargés chacun de soixante à soixante-dix hommes,
qui poussent tous de grandes clameurs, s'avancent
pour enlever le *Panaïoty*. Aussitôt les quinze
Français qui le gardent s'élancent à leurs postes de
combat. Debout sur le beaupré, Bisson fait héler
les mistiks, qui se dirigent sur son avant en
nageant avec fracas. Il n'en reçoit aucune réponse ;

il ordonne de tirer et tire lui-même son fusil à deux coups. Les misticks répondent par une vive fusillade ; l'un d'eux aborde par-dessous le beaupré, et l'autre par la joue de bas-bord. Neuf des Français on déjà succombé ; ceux qui leur survivent ne peuvent, malgré tous leurs efforts et ceux de leur capitaine, empêcher qu'une trentaine de Grecs ne pénètrent sur le pont. En ce moment Trémintin combattait à tribord ; Bisson tout couvert du sang des ennemis, venait alors du gaillard d'avant, et lui adressant la parole : » Ces brigands, dit-il, sont « maître du navire, la cale et le pont en sont remplis ; c'est-là le moment de terminer l'affaire. » Aussitôt il se penche sur le tillac de l'avant-chambre, qui ne s'abaissait que de trois pieds au-dessous du pont, et sur lequel étaient les poudres. Il tenait une mèche cachée dans sa main gauche, et avait le milieu du corps au-dessus du pont. Là il ordonna à Trémintin d'engager les Français encore vivants à se jeter à la mer; lui serrant ensuite la main : « Adieu, pilote, lui dit-il, je vais tout « finir. » Peu après, l'explosion eut lieu, le navire sauta en l'air ; et, comme l'a dit un de nos orateurs, *la France compta un héros de plus.*

Fidèle à son serment, le pilote Trémintin sauta avec le brick ; mais, plus heureux que son brave capitaine, il fut jeté sans connaissance sur le rivage il avait le corps meurtri et un pied fracassé. Les quatre matelots français, qui, à son commandement, s'étaient lancés à l'eau, arrivèrent à terre sans blessures graves. Le lendemain matin, on aperçut, gisant sur le rivage, les corps de trois Français, et soixante-dix cadavres grecs, trouvés

dans le même lieu, attestèrent que la résolution héroïque du généreux Bisson avait eu son entier effet.

Peu d'évènements ont excité plus d'enthousiame
que le dévoûment de Bisson. Le monarque dont
la magnificence s'était répandue sur les vainqueurs
de Navarin (1) n'oublia point l'enseigne courageux
qui venait d'ajouter une illustration nouvelle à celles
dont brillait déjà notre pavillon : il récompensa cet
intrépide marin dans la personne de sa sœur à laquelle il assura une pension de quinze cents francs;
il décerna la croix de la Légion d'Honneur au pilote Trémintin ; et il permit qu'une commission,
présidée par M. le vice-amiral, comte de Missiessy,
reçût le produit d'une souscription ouverte par les
différents corps de la marine pour consacrer par un
monument l'immortelle conduite de Bisson.

Différentes villes du royaume se sont aussi empres-
sées de rendre hommage à la gloire de ce marin :
Guémenée où il naquit lui a érigé un monument ;
Lorient a imité cet exemple, et a fait frapper une
médaille dans le même but. Enfin Bisson a trouvé
des admirateurs partout où il s'est rencontré des
cœurs vraiment français.

(1) Trente décorations et des grades supérieurs furent
accordés par le Roi à tous ceux de nos marins qui s'é-
taient signalés dans cette bataille.

DESCENTE EN ANGLETERRE PAR JEAN DE VIENNE, AMIRAL.

La prudence de Charles-le-Sage et la valeur de du Guesclin avaient enfin purgé le royaume de la présence des Anglais, lorsqu'en 1377, quatre jours seulement après la mort d'Édouard III, et dans le temps qu'on était occupé à Londres du couronnement de son successeur, l'amiral français, Jean de Vienne, fit une descente dans le comté de Kent, surprit la ville de Rye, la brûla et la saccagea. Bientôt les villes de Hastings, de Portsmouth, de Darmouth et de Plymouth, éprouvèrent le même sort.

L'amiral vint ensuite débarquer dans l'île de Wight, dont les villes furent, pour la plupart, prises et rançonnées. Effrayé de ces expéditions rapides, le peuple de Londres tremblait à son tour pour l'intégrité du royaume britannique, et commençait de murmurer contre le nouveau gouvernement. On se hâta de rassembler des gens de guerre. Le comte de Salisbury et le comte de Montagu se mirent à leur tête et s'avancèrent vers les côtes. Ils furent obligés de se tenir perpétuellement en marche le long des rivages de la mer, sans perdre de vue la flotte française qui courait la Manche. Ils ne purent toutefois empêcher que Jean de Vienne mît pied à terre, et brûlât sous leurs yeux une par:ie de la ville de Poq. Cet amiral, après cette expédition, tenta d'aborder à Southampton, d'où il fut repoussé, et vint mouiller à la vue d'une abbaye peu distante de Douvres. Ayant rassemblé les milices des environs, le prieur de ce monastère disputa la descente aux assaillants. Il se livra un sanglant combat, dans lequel les Anglais furent défaits, mis en fuite, et laissèrent plusieurs prisonniers, du nombre desquels était le courageux prieur. Les Français, qui ignoraient encore la mort d'Édouard III, l'apprirent à cette dernière descente ; et sur-le-champ, ils envoyèrent une barque pour en porter la nouvelle à Charles V.

Cependant, la terreur de notre marine s'était répandue dans toute l'Angleterre. Toute la nation croyait déjà voir les Français dans l'intérieur du royaume. Pressés par ces clameurs, les comtes de Cambridge et de Buckingham, oncles du monarque, rassemblèrent tout ce qu'ils trouvèrent d'hommes en état de porter les armes. Ils bordaient le rivage de Douvres avec cent mille combattants, lorsque la flotte française parut à la vue de cette ville. Mais un si formidable armement n'empêcha point Jean de Vienne de se tenir devant le port durant le jour entier et la nuit suivante. Le lendemain, il leva l'ancre ; et, après avoir frappé d'une salutaire frayeur tous les habitants de l'Angleterre, après avoir vengé par de justes représailles tous les maux qu'ils avaient répandus sur la France, l'amiral vainqueur se présenta à l'entrée du havre de Calais, que les Anglais occupaient encore ; il les obligea par ce mouvement à se tenir sur leurs gardes de ce côté, et il favorisa la guerre que Charles V faisait alors dans le Boulonais.

EXPLORATIONS DANS LES MERS AUSTRALES.

Nicolas Baudin, né dans l'île de Rhé, s'était rendu fameux de bonne heure par ses succès dans les entreprises maritimes qui lui avaient été confiées.

Aussi, au début du xixe siècle, l'empereur Napoléon Ier lui donna le titre de capitaine de vaisseau, et lui confia les deux corvettes le *Géographe* et le *Naturaliste*, avec la mission de faire des explorations dans les régions australes.

L'expédition mit à la voile, du Havre, le 17 octobre 1800.

Parmi les hommes distingués qui étaient à bord, se trouvaient le célèbre naturaliste Péron, et l'officier de marine Freycinet, dont nous avons eu occasion de raconter les voyages.

Les corvettes se rendirent d'abord à l'île de France, puis aux Moluques. Elles explorèrent les côtes occidentales de la Nouvelle-Hollande, encore peu connues, puis elles se dirigèrent vers la Terre de Van-Diémen, où elles mouillèrent le 13 janvier 1802.

Découverte le 24 novembre 1642, par Abel Tasman, qui lui donna le nom du gouverneur des Indes hollandaises, son supérieur, la Terre de Van-Diémen est bornée au nord par le détroit de Bass et celui de Banks, partout ailleurs par le grand Océan.

La côte méridionale est assez élevée, et c'est là que se trouve le bras de mer de douze lieues de longueur, connu sous le nom de *canal de d'Entrecasteaux*. Dans la baie dite de la *Recherche*, se trouve le port Buache, vaste et entouré de hauteur inégales. Ce canal, découvert par notre navigateur d'Entrecasteaux, réunit la presqu'île Tasman à la presqu'île Forestier : il a une largeur de une à deux lieues.

Sur la côte orientale de l'île Van-Diémen, nommée aussi Tasmanie, se trouve l'île Maurouard, et au nord de la même île, on rencontre le port Dalrymple, embouchure de la pittoresque rivière de Tamar.

Enfin, le long de la côte nord-ouest, sont égrenées les îles Hunter, découvertes en 1798 par le capitaine Flinders.

Ce fut près de là que notre capitaine français, Nicolas Baudin, découvrit une île qu'il appela île Fleurien.

Lorsque le *Géographe* et le *Naturaliste* arrivèrent en vue de la Terre de Van-Diémen, tous les équipages, étant sur le pont, virent accourir sur la plage nombre de naturels, et il se détacha des pirogues qui accostèrent les corvettes. Aussitôt les matelots entonnèrent en chœur et d'une voix vibrante notre fameux hymne de la *Marseillaise*. Les sauvages, qui d'abord criaient et hurlaient, se turent soudain et gardèrent un religieux silence. On voyait qu'ils prenaient, à entendre ce chant électrisant, un plaisir extrême. Ils manifestaient leur jouissance par des gestes et des contorsions bizarres. A peine une strophe était-elle finie que de grands cris d'admiration partaient de toutes les bouches à la fois. Ces indigènes étaient peu voilés par quelques pagnes, et une confiance très grande comme aussi une curieuse naïveté se manifestaient sur leurs physionomies.

En pénétrant dans le pays, dont l'accès leur fut ouvert, nos Français tombèrent en extase à leur tour, en face du grandiose spectacle de magnifiques et profondes forêts où la hache n'avait retenti jamais encore, où la végétation se développait sans obstacle, où régnait une ombre éternellement mystérieuse, où l'on goûtait une délicieuse fraîcheur et une humidité doucement pénétrante. On rencontrait partout, tombés de vétusté, des arbres gigantesques, dont les vieux troncs se couvraient de lichens parasites, et dont les creux recélaient de hideux reptiles et des milliers d'insectes. Ici et là, les arbres séculaires formaient par leur chute des entassements naturels d'une grande hauteur. Parfois, renversés sur le lit de torrents, ils y formaient des ponts naturels d'un effet magique, mais dont il était fort essentiel de se méfier. Partout les banksias se développaient comme une charmante bordure sur la lisière des bois ; partout émergeait des fourrés le casuarina au prodigieux feuillage, aux ramures élégantes et pourtant robustes ; partout se montraient les xanthorrées, dont la tige solitaire s'élève à douze ou quinze pieds au-dessus d'un tronc d'arbre rabougri, d'où s'échappe une résine odorante ; enfin partout on rencontrait des cycas, dont les noix, enveloppées d'une épiderme écarlate, renferment le poison le plus dangereux

En général, le sol de la Tasmanie est aussi fertile qu'abondant en pâturages, nous dit le naturaliste Péron. Partout où la culture a pénétré, toutes les espèces de graines d'Europe ont réussi. Et cependant, avec un climat aussi beau et un sol aussi riche, il n'est peut-être aucun pays aussi pauvre en productions indigènes.

Le principal des animaux est le kanguroo, et le seul carnassier un peu remarquable est l'opossum. L'opossum reçoit le nom de hyène-opossum, à cause d'une étrange ressemblance avec la hyène. Mais dans ces contrées, il atteint une grandeur de huit à neuf pieds, et la vûe de l'homme ne le fait point fuir.

Parmi les oiseaux on distingue l'ému, qui se rapproche fort de l'autruche. Les cygnes noirs sont nombreux sur les rivières et dans les baies.

A peine l'île de Diémen produit-elle un légume ou un fruit qui soit mangeable ; heureusement, pour se dédommager, légumes et fruits d'Europe sont excellents.

Les chevaux qu'on a amenés en Tasmanie ont donné une race remarquable par la faculté de supporter la fatigue d'un long voyage. Les colons peuvent faire trente à quarante milles sans s'arrêter pour faire rafraîchir leurs chevaux. Cela tient sans doute à ce que ces animaux vivent en plein air jour et nuit.

De la Terre de Van-Diémen, l'expédition se dirigea vers la Nouvelle-Hollande.

Le port du Roi-George se présente dans la Terre de Nuyts. Il a été très souvent visité depuis que Baudin l'a signalé. Sa position à l'extrémité sud-ouest de la Nouvelle-Hollande, ses ressources nombreuses sur un continent où elles sont très rares, lui donnent une importance que les navigateurs savent parfaitement apprécier.

Les naturels de la Terre du Roi-George ont une taille moyenne, les membres grêles, et presque tous un ventre proéminent. Leur seul habillement est une peau de kanguroo, descendant jusque près du genou, jetée comme un manteau sur les épaules, et attachée sur l'épaule droite avec un jonc, de manière à laisser le bras libre dans ses mouvements. Lorsqu'il pleut, ils mettent la fourrure en dehors. Plusieurs de ces misérables vêtements sont si courts, si étroits, que ceux qui les portent semblent marcher tout nus. Les autres pièces de l'habillement des femmes sont une ceinture, des bracelets et une coiffe. La ceinture n'est autre chose qu'une bande de peau d'opossum tournée plusieurs fois autour du corps. Elles portent aussi une bande de cette même fourrure autour du bras gauche et de la tête, ce qui forme une toque que les chefs décorent de plumes d'oiseaux de mer ou de queues de chiens. Les femmes ont les cheveux courts, et les filles se distinguent par un cordon de laine qui fait collier sur leurs épaules. Hommes et femmes se fardent de rouge. Ce fard, mêlé de graisse, leur donne une mauvaise odeur. Ils l'emploient pour se garantir du soleil et de la pluie. Leur chevelure est souvent empreinte du même fard. Au moment où ils viennent de s'en frotter, ils ont une couleur de brique de la plus singulière apparence.

Lorsqu'ils prennent les insignes du deuil, ils se dessinent une bande blanche sur le front, et s'en zèbrent les joues. Les femmes se marquent le visage de taches de même couleur.

Généralement ils ne se peinturent ainsi le corps

que pour les danses ou les réunions de plaisirs.
Ils ont aussi l'usage de se balafrer les épaules ou
la poitrine d'épouvantables entailles qu'ils entre-
tiennent dans un état de constante tuméfaction
sanguinolente. Pour eux, c'est le comble de la
distinction. Ils se perforent aussi la cloison nasale,
et dans cette ouverture ils placent une plume, un
os, ou y suspendent un anneau de cuivre.

Leurs huttes consistent en quelques baguettes
plantées dans la terre et formant un berceau de
quatre pieds de haut sur six de large. Elles sont
recouvertes de feuilles, auxquelles on ajoute des
morceaux d'écorce dans la saison des pluies. On
trouve ces cabanes près des courants d'eau ; dans
les anfractuosités des roches, du côté opposé au
vent régnant, et toujours précautionnées d'un feu
qui brûle devant la porte. C'est sous un tel abri
que ces sauvages reposent pêle-mêle, même avec
les chiens, et enveloppés de leurs peaux de kan-
guroos. Sept ou huit de ces huttes, groupées en-
semble, forment un campement, excepté dans les
jours de pêche, où les Indiens se rassemblent en
nombre considérable. Les huttes sont alors dispo-
sées de manière que l'on ne puisse voir de l'une
dans l'autre. Le pays du reste n'étant pas riche en
aliments, ces naturels ne sont pas stationnaires :
ils vont d'ici là, selon qu'ils peuvent rencontrer
quelques provisions. L'hiver et le printemps sont
les deux saisons qui les voient le plus disséminés.

Ils se rapprochent quand vient l'été. Pour eux, c'est le moment de la chasse, pendant lequel ils amassent des quantités de gibier en mettant le feu à l'entour des endroits les plus giboyeux. Alors les chasseurs, cachés par la fumée, tuent les pauvres animaux à leur passage et en détruisent en nombre incalculable. Aussitôt que le feu est éteint, leur grande occupation est de chercher parmi les cendres les lézards et les serpents, qu'ils prennent aussi plus facilement dans leurs trous, lorsqu'ils sont engourdis par la chaleur.

Nous avons fait comprendre que les lézards et les serpents étaient un des aliments de ces sauvages; ils s'en font un régal. Ils mangent également des fourmis, et surtout leurs œufs, qui ont un goût d'huile. Au printemps, les nids d'oiseaux leur fournissent un mets bien autrement recherché. Perroquets, faucons, ducs, cygnes, pigeons, tout leur est bon. Ils se rendent maîtres de l'opossum, qui saute d'arbre en arbre en se donnant l'élan au moyen de sa queue entortillée autour des branches, en suivant la trace de ses griffes sur l'écorce, jusqu'à son trou dans le creux des arbres.

Ces pauvres Indiens n'ont pas de canots et ne savent pas nager. C'est une exception bien rare, car tous les sauvages de l'Océanie nagent dans la perfection. Ils ne peuvent donc prendre que le poisson qui s'approche du rivage. Les embouchures des ruisseaux et des rivières, qu'ils ont soin dé munir de digues pour retenir le poisson après les marées, leur en fournissent une grande abondance. Dépasse-t-elle leurs besoins présents, ils sèchent, rôtissent et conservent dans des écorces ce qu'ils ont de trop. Ils prennent ainsi des huîtres, des tortues, des veaux marins et même des baleines que la tempête fourvoie et jette sur leurs côtes.

C'est ainsi que les habitants du port du Roi-George vivent de la nature, sans aucun secours de l'art, car leur alimentation varie selon les saisons, pauvre en qualité, souvent rare, et les contraignant pour la trouver à une vie nomade. Aussi la population n'est pas très nombreuse.

Dans les temps de sécheresse, ils quittent leurs régions, si elles se trouvent privées d'eau. Alors ils grimpent sur les arbres afin d'étancher leur soif, en pratiquant des trous dans les branches afin d'en humer la sève. C'est aussi le moyen qu'emploient leurs femmes pour se rafraîchir la bouche.

Certains usages curieux et caractéristiques résultent de la disette assez fréquente sur cette terre. Hommes et femmes se séparent, le matin : les hommes pour se mettre en quête de poisson ou de gibier, et les femmes pour colliger des racines, des écrevisses, etc. Ont-ils trouvé ce qu'ils désirent, ils le font cuire aussitôt et le mangent, mais toujours les hommes en réservant une part pour leurs femmes, et les femmes pour les hommes.

Ils sont fort jaloux de leurs aliments; ils se cachent pour en jouir à leur aise, en silence. Toutefois, si des indiscrets se trouvent là, ils lui en offrent quelque peu.

Ils ont des idées superstitieuses à l'endroit des aliments. Ainsi, d'après eux, les garçons ne doivent pas manger d'aigle noir, autrement ils n'auraient pas de belle barbe. Ils regardent la caille comme la diète des vieillards, etc.

Ces sauvages semblent chérir leurs enfants; ils les punissent très rarement. Ils sont plus sévères pour leurs femmes, qu'ils blessent quelquefois cruellement.

Ce sont ces infortunées qui font les huttes et les vêtements. Mais quels outils sont mis à leur disposition! Leur coupe n'est autre qu'un morceau d'écorce joint par les deux bouts; c'est avec un roseau creux ou l'os d'une aile d'oiseau qu'elles pompent l'eau avec la bouche, et, pour coudre, une griffe de kanguroo leur tient lieu d'aiguille.

On ne connaît pas encore bien les mœurs de ces insulaires. On sait cependant que c'est le père qui donne sa fille en mariage. La majorité des hommes reste célibataire jusqu'à trente ans, quelques-uns plus longtemps encore. Mais alors plusieurs femmes appartiennent au même mari. A peine nés, les enfants sont suspendus à l'épaule maternelle dans une peau de kanguroo, et ils ne sont couverts qu'au moment où ils peuvent courir seuls.

Ordinairement ces sauvages dansent la face peinte en rouge, et sur les bras, comme sur le corps, on aperçoit différentes figures et dessins peints en blanc. On emploie cette dernière couleur pour la danse, parce qu'on la voit mieux de nuit. Leur danse est accompagnée de beaucoup de contorsions, et représente communément la chasse et la mise à mort de divers animaux. Aussi n'offre-t-elle ni élégance ni prestesse ; au contraire, elle est gravement symbolique. Le bruit que font les danseurs n'a rien de musical, car ils répètent sans fin un *ouô ! ouô ! ouô !* qui est fort déplaisant à entendre.

Leurs médecins ou *mulgaradocks* semblent avoir une grande influence. On les regarde comme ayant le pouvoir de repousser le vent ou de chasser la pluie. Les plus habiles font tomber la foudre ou une maladie sur l'objet de leur haine. Essaient-ils de calmer un orage, ils se tiennent en plein air, agitent les bras, secouent leurs manteaux de peau et gesticulent sérieusement d'une façon bouffonne. Ils procèdent à peu près de même pour guérir un malade ; seulement ils font moins de bruit et pratiquent des frictions avec des baguettes de bois vert chauffées au feu, après quoi ils poussent des bouffées de vent de leur poitrine, afin de calmer la douleur.

Ils ont rarement des guerres, ils ne sont pas capables de les faire. Mais dans leurs rixes, ils emploient leurs marteaux de pierre, leurs longues lances, et leurs coups seraient mortels s'ils étaient violemment appliqués. Heureusement pour leurs adversaires, ils frappent avec une mollesse de femmes.

Cependant, quand par hasard ils sont contraints de guerroyer, leurs attaques ont lieu le plus souvent la nuit, et toujours à la dérobée. Dès que l'ennemi s'approche, ils poussent une violente clameur, saisissent leurs lances, fondent sur lui en tumulte, enfouissent leur barbe dans leur bouche et font les plus affreuses grimaces qu'il soit possible de se figurer. Ensuite un ou deux guerriers de part et d'autre se livrent un combat singulier : mais pendant l'action, les témoins de la lutte essaient de les séparer en courant autour d'eux.

Les funérailles sont accompagnées de lamentations bruyantes ; une fosse longue de quatre pieds et profonde de six est creusée. On dépose dedans une écorce, des rameaux verts et le cadavre enveloppé de son manteau de kanguroo, les genoux repliés vers la poitrine et les bras croisés. On recouvre le tout de nouvelles branches et d'écorce, et enfin de terre pour remplir la fosse. Alors on plante la surface du tombeau de branches d'arbres, de lances et du couteau de pierre du défunt. Les pleureurs gravent des cercles dans l'écorce des

arbres voisins ; puis on allume un petit feu en
tête et on recueille les débris de rameaux en ayant
soin de ne pas laisser après des parcelles de terre.
Les parents se peignent la face en blanc, se font
quelques pustules au front, aux tempes et sur les
pommettes des joues ; on se coupe même quelque
petit bout du nez et on l'égratigne pour en faire
couler des larmes, et c'est fait.

Une femme est également ensevelie avec tous
ses accoutrements et ustensiles.

Après ces explorations de Baudin, il fallut, le
4 juin 1802, par suite de l'épuisement de l'équipage, aller prendre une relâche au Port-Jackson,
en face de Sydney.

L'expédition continua ensuite ses recherches ;
mais l'infortuné Baudin, malade depuis longtemps,
dut renoncer à de plus longs travaux, en ramenant
ses navires à l'île de France, au commencement
de 1803 ; il y mourut, regretté de tout son équipage et de ses nombreux amis.

Ce fut le capitaine Milins qui ramena les deux
corvettes en France, où elles arrivèrent au port
de Lorient, le 25 mars 1804, après avoir parcouru
dix-sept mille lieues marines, avec des fatigues
sans nombre.

FIN

TABLE

—

FIN DE LA TABLE.

Limoges. — Imp. Eugène Ardant et Cⁱᵉ.